同步语法词汇手册
2

U0165176

En route!
新经典
法语

主编：马雪琨

编者：李华　朱轶青　杨金平

外语教学与研究出版社
北京

图书在版编目 (CIP) 数据

新经典法语 2 同步语法词汇手册 / 马雪琨主编；李华，朱轶青，杨金平编. -- 北京：
外语教学与研究出版社，2023.9
ISBN 978-7-5213-4837-8

I. ①新… II. ①马… ②李… ③朱… ④杨… III. ①法语－高等学校－教学参考资料
IV. ①H329.39

中国国家版本馆 CIP 数据核字 (2023) 第 190723 号

出 版 人　王　芳
责任编辑　孟贤颖
责任校对　朱　雯
封面设计　彩奇风
版式设计　锋尚设计
插图设计　张　峰
出版发行　外语教学与研究出版社
社　　址　北京市西三环北路 19 号（100089）
网　　址　https://www.fltrp.com
印　　刷　三河市北燕印装有限公司
开　　本　787×1092　1/16
印　　张　14
版　　次　2023 年 10 月第 1 版　2023 年 10 月第 1 次印刷
书　　号　ISBN 978-7-5213-4837-8
定　　价　35.00 元

如有图书采购需求，图书内容或印刷装订等问题，侵权、盗版书籍等线索，请拨打以下电话或关注官方服务号：
客服电话：400 898 7008
官方服务号：微信搜索并关注公众号"外研社官方服务号"
外研社购书网址：https://fltrp.tmall.com

物料号：348370001

TABLE DES MATIÈRES

Les vacances se sont-elles bien passées ?

Grammaire et conjugaison

1. Conjuguez les verbes suivants.

A. Mettez les verbes au présent.

crier

❶ Je _____ de douleur.
❷ Elle a peur mais elle ne _____ pas.

❸ Deux buveurs _____ dans la rue.
❹ Nous _____ fort.

rire

❶ Je _____ aux larmes.
❷ Il _____ comme un grand enfant.

❸ Nous _____ de joie.
❹ Les gens _____ 1 ou 2 minutes par jour.

B. Mettez les verbes au passé composé.

se rendre

❶ Je _____ à la banque.
❷ Elle _____ chez sa mère.
❸ À quelle heure est-ce que vous _____ au travail ?
❹ Nous _____ au travail à 7 heures du matin.

s'occuper

❶ Je _____ de mes enfants.
❷ Elle _____ de ce travail ?

❸ Nous _____ de nos affaires.
❹ Elles (ne pas) _____ de la vaisselle.

2. Transformez les phrases d'après l'exemple.

A. Le passé composé des verbes pronominaux.

Exemple : *Aujourd'hui, je me lave à 8 heures. → Hier aussi, je me suis lavé(e) à 8 heures.*

1 Aujourd'hui, je me regarde dans la glace. → _____.

2 Aujourd'hui, je me couche tard. → _____.

3 Aujourd'hui, elle se repose. → _____.

4 Aujourd'hui, elle se prépare en avance. → _____.

5 Aujourd'hui, nous nous réveillons tard. → _____.

6 Aujourd'hui, il se lave. → _____.

7 Aujourd'hui, nous nous promenons dans le jardin. → _____.

8 Aujourd'hui, elle s'occupe de moi. → _____.

B. L'accord du participe passé.

Exemple : *Aujourd'hui, je vais au cinéma. → Hier aussi, je suis allé(e) au cinéma.*

1 Aujourd'hui, je vais à l'école. → _____.

2 Aujourd'hui, je pars à 7 heures. → _____.

3 Aujourd'hui, il reste chez lui. → _____.

4 Aujourd'hui, nous venons chez vous. → _____.

5 Aujourd'hui, vous arrivez tôt. → _____.

6 Aujourd'hui, elles passent à la banque. → _____.

7 Aujourd'hui, je descends de la montagne. → _____.

8 Aujourd'hui, elle sort. → _____.

9 Aujourd'hui, elle entre dans le magasin. → _____.

10 Aujourd'hui, nous arrivons à l'heure. → _____.

C. L'accord du participe passé.

Exemple : *Aujourd'hui, je déjeune au restaurant. →*
          Mais hier, je n'ai pas déjeuné au restaurant.

1 Aujourd'hui, je fais une enquête. → _____.

2 Aujourd'hui, j'apprends ma leçon. → _____.

3 Aujourd'hui, vous téléphonez à Jacques. → _____.

④ Aujourd'hui, elle fait le ménage. → _____.

⑤ Aujourd'hui, elle voit ses amis. → _____.

⑥ Aujourd'hui, je travaille jusqu'à 9 heures. → _____.

⑦ Aujourd'hui, il dîne au restaurant. → _____.

⑧ Aujourd'hui, nous regardons la télévision. → _____.

⑨ Aujourd'hui, elle lit ce roman. → _____.

⑩ Aujourd'hui, elle finit ses exercices à l'école. → _____.

3. Remplissez les trous.

> Mettez les verbes au passé composé.

Paris

le 1ᵉʳ avril

Papa, Maman,

J'ai une grande nouvelle à vous annoncer : je vais me marier ! Elle s'appelle Delphine, elle est super !

Quand Cédric et Myriam me (inviter) _____ chez eux dimanche, je leur d'abord (dire) _____ non. Et puis, enfin, j'y (aller) _____. Et c'est chez eux que je la (rencontrer) _____. Quand Cédric me lui (présenter) _____, elle m'a souri. Je (comprendre) _____ que je lui plaisais. Et nous (passer) _____ toute la soirée ensemble.

Au moment de partir, je l'ai raccompagnée et depuis, nous nous téléphonons tous les soirs. Nous (décider) _____ de nous marier. Elle en (parler) _____ à ses parents. Elle en (demander) _____ leur avis. Ils disent que c'est encore trop tôt pour y penser. Mais on (décider) _____ de ne pas les écouter.

On en reparlera...

Je vous embrasse !

Paul

4. Choisissez la bonne réponse.

① Est-ce que _____ va bien chez toi ?

A. tout   B. toute   C. tous   D. toutes

② C'est _____ pour aujourd'hui.

A. tout   B. toute   C. tous   D. toutes

③ Est-ce que les étudiantes sont _____ rentrées ?

A. tout   B. toute   C. tous   D. toutes

④ Ses cousins et ses cousines sont si nombreux qu'il ne les connaît pas _____.

A. tout   B. toute   C. tous   D. toutes

⑤ Les soucis du bureau, les problèmes avec ses enfants, _____ le tourmente.

A. tout   B. toute   C. tous   D. toutes

⑥ Il a travaillé _____ la matinée.

A. tout   B. toute   C. tous   D. toutes

⑦ _____ les soirs, je me couche à 11 heures.

A. tout   B. toute   C. tous   D. toutes

⑧ Il a _____ mangé.

A. tout   B. toute   C. tous   D. toutes

Vocabulaire et expressions

1. Mettez en ordre.

A. Mettez les lettres en ordre pour former un mot.

① é é v n m e e n t _____

② b a e u é t _____

③ p o u e s l e _____

④ b l l a n o _____

⑤ b n é é v e l o _____

B. Mettez les mots en ordre pour former une phrase complète.

① Des – artistes – venus – sont – chanter – pour – et – danser.

_____

② Les – ont – le – enfants – ballons – lancé – dans – des – ciel.

_____

③ Des – travaillé – bénévoles – ont – beau – offrir – pour – ce – cadeau.

_____

④ On – randonnées – fait – des – et – a – du – vélo.

_____

5 Mes – été – ont – très – vacances – courtes.

_____ _____ _____ _____ _____ _____ _____ _____ _____ _____ _____ _____

1 On y va en avion ?

2 Ah bon ?

3 Et non, c'est ça le problème. Ils vont souvent en Italie et la mer ne les intéresse plus.

4 C'est une excellente idée, Marie !

5 C'est sûrement cher !

6 On n'a pas décidé, peut-être en Italie, au bord de la mer.

Marie : Où vous allez cet été, Fanny ?

Fanny : _____

Marie : Tu crois que les enfants vont aimer ça ?

Fanny : _____

Marie : Tu sais, les parents de Ming arrivent de Chine. Ils y sont restés deux mois.

Fanny : _____

Marie : Oui, ils ont loué un grand appartement au centre ville qui est seulement à dix minutes de la Cité interdite.

Fanny : _____

Marie : Pas du tout. Nous, on va en louer un au mois d'août, c'est moins cher que l'hôtel et c'est plus confortable. Venez avec nous. C'est assez grand pour deux familles.

Fanny : _____ Les enfants vont pouvoir visiter les monuments historiques de Beijing. Mais, est-ce qu'il faut apporter quelque chose pour l'appartement ?

Marie : Rien, tu n'apportes que tes vêtements.

Fanny : _____

Marie : Bien sûr, la Chine, c'est loin.

Pascal et Fanny parlent de leur projet de vacances.

1 Alors Fanny, qu'est-ce que tu vas faire pendant les vacances ?

2 C'est bien Marseille ! Tu vas pouvoir aller à la mer.

3 Oh ! Moi, je vais rester en France. Je vais travailler dans une boutique à Marseille.

4 Tu vas visiter toute la Chine ?

⑤ Je vais partir en Chine avec une amie.

⑥ Nous allons voir Beijing, Shanghai, ça c'est sûr et, peut-être, nous allons descendre dans le sud. Et toi, Pascal, qu'est-ce que tu vas faire en juillet et en août ?

⑦ Oui, le week-end, c'est sûr.

---

2. Classez par groupes.

A. Prépositions ou adverbes ?

① alors   **②** aussi   **③** pendant   **④** beaucoup   **⑤** bien

⑥ chez   **⑦** entre   **⑧** jamais   **⑨** debout   **⑩** dans

Prépositions	
Adverbes	

B. Noms ou adverbes ?

① heureusement   **②** monument   **③** contentement   **④** département

⑤ spécialement   **⑥** événement   **⑦** énormément   **⑧** particulièrement

⑨ appartement   **⑩** amoureusement

Noms	
Adverbes	

C. À la mer ou à la montagne ?

① se baigner   **②** faire de la randonnée   **③** faire de la nage

④ se promener sur la plage   **⑤** faire du parapente

⑥ faire des châteaux de sable   **⑦** faire de la chasse

⑧ cueillir des fleurs   **⑨** faire du VTT   **⑩** faire de la planche à voile

À la mer	
À la montagne	

3. Reliez les mots avec leur antonyme.

1 beauté		mauvais
2 géant		ordinaire
3 spécial		tristesse
4 joie		échouer
5 actif		commencement
6 réussir		pleurer
7 retrouver		passif
8 rire		laideur
9 fin		petit
10 bon		perdre

4. Choisissez les bons mots ou expressions pour remplir le dialogue.

> **des photos** • **la plage** • **rêver** • **soleil** • **ces vacances**
> **magnifique** • **petites** • **blanches** • **voitures** • **prochaine**

Claire : Ah ____**1**____ , je ne vais pas les oublier !

Marie : Tu as pris ____**2**____ ?

Claire : Bien sûr, tu veux les voir ?

Marie : Pourquoi pas ? Je veux ____**3**____ moi aussi.

Claire : Regarde, ça c'est ____**4**____ .

Marie : Oh là là, il y a moins de touristes qu'ici !

Claire : C'est super, il n'y a personne et il y a plus de ____**5**____ qu'ici.

Marie : Oui, il y a aussi plus de palmiers, c'est ____**6**____ !

Claire : Ça, c'est le village, c'est très exotique. Il y a de ____**7**____ rues et de jolies maisons ____**8**____ .

Marie : Oui, il y a aussi moins de ____**9**____ que chez nous.

Claire : Beaucoup moins.

Marie : Oh, moi aussi, je veux y passer mes vacances l'année ____**10**____ .

Compréhension écrite

Lisez le texte et choisissez la bonne réponse.

Les vacances des lycéens

Les lycéens ont des vacances comme tous les autres. Vous devez d'abord savoir que l'école commence au mois de septembre en France, on appelle ce moment la rentrée des classes. Les premières vacances de l'année sont les vacances de la Toussaint.

Le lycée commence au mois de septembre et les premières vacances arrivent à la fin du mois d'octobre. Les élèves et leurs professeurs ont une semaine pour se reposer avant Noël.

Il y a ensuite les vacances de Noël. Noël est une fête très importante en Europe. La famille se réunit. On voit ses parents, ses frères, ses grands-parents, ses oncles et ses tantes, ses cousins et ses cousines, etc. Les repas durent très longtemps et on reçoit des cadeaux le 25 décembre. On a donc des vacances pour avoir le temps de se retrouver en famille. En tout, il y a près de deux semaines.

En hiver, il y a ce qu'on appelle les vacances d'hiver, ces vacances sont différentes des vacances de Noël. Ces vacances se passent au mois de février pendant une semaine. Beaucoup de Français vont faire du ski ou du snowboard. Mais attention, les sports d'hiver coûtent très cher. Tout le monde ne peut pas partir.

Après les vacances d'hiver, il y a les vacances de printemps. C'est au mois de mars et ce sont les dernières vacances avant la fin de l'année scolaire. Les lycéens en classe de terminale doivent étudier beaucoup pendant ces vacances parce qu'elles sont juste avant le bac.

Le moment le plus attendu de l'année, c'est bien sûr le moment des vacances d'été. On dit aussi les grandes vacances parce qu'elles durent longtemps (deux mois environ). Souvent on essaye de travailler un peu pendant les grandes vacances pour gagner un peu d'argent. Car en France, les lycéens et les étudiants n'ont généralement pas de petits boulots pendant l'année scolaire.

1 En France, l'école commence _____ .

    A. en mars   B. en juin   C. en septembre

2 Les premières vacances de l'année sont _____ .

    A. les vacances de la Toussaint

    B. les vacances de Noël

    C. les vacances d'hiver

❸ Les vacances de la Toussaint durent _____.

    A. une semaine   B. deux semaines   C. un mois

❹ Les vacances de Noël durent à peu près _____.

    A. une semaine   B. deux semaines   C. un mois

❺ Les vacances d'hiver se passent _____.

    A. en janvier   B. en février   C. en mars

Thème et version

1. Thème.

昨天上午，我 8 点开始干活，看书一直看到 10 点半。中午，我在学校食堂吃了饭，然后去图书馆学习。晚上 8 点半，我和 3 个朋友一起看了场电影。然后我们跳舞跳到了半夜。今天早晨，我一直睡到了 9 点。我洗了个澡，喝了杯咖啡，然后去商场给玛丽买了一条裙子，今天是她的生日。下午 1 点，我和玛丽一起吃午餐，我把礼物送给她。下午 4 点我与玛丽告别回了家。

2. Version.

Le 14 mai, 21 heures

    Vacances !

    Pas de dîner à préparer, pas de mari, pas d'enfants, super !

    Hier, je suis restée au lit tout l'après-midi et j'ai lu ! Je n'ai pas fait le ménage, je n'ai pas fait les courses...

    Hier soir, je suis allée dans un petit restau près de la plage et, ce matin, j'ai dormi jusqu'à 10 h 30...

    Cet après-midi, je vais sortir de l'hôtel à 3 h 00, et je vais marcher sur la plage, c'est tout !

    Nice, c'est magnifique !

2

Je me souviens...

1. Conjuguez les verbes suivants.

A. Mettez les verbes au passé composé.

battre

❶ J'_____ un record.

❷ Il _____ des mains.

❸ Nous _____ le blé.

❹ Vous _____ votre fils ?

découvrir

❶ J'_____ son secret.

❷ Tu _____ tes secrets à Marie ?

❸ Il _____ ses dents.

❹ Du haut de la colline, nous _____ la mer.

B. Mettez les verbes à l'imparfait.

se rapprocher

❶ Je _____ du feu.

❷ Il _____ de ses enfants.

❸ Nous _____ de lui.

❹ Ils _____ les unes des autres.

échanger

❶ J'_____ un regard avec lui.

❷ Elle _____ quelques phrases avec son voisin.

❸ Nous _____ des opinions.

❹ Ils _____ des lettres.

2. Transformez les phrases d'après l'exemple.

A. Le futur immédiat et le passé composé.

Exemple : *Elle va partir ? → Non, elle est déjà partie.*

1 Elle va sortir ? → _____ .

2 Tu vas faire tes exercices ? → _____ .

3 Ils vont sortir ? → _____ .

4 Vous allez laisser vos livres à vos camarades ? → _____ .

5 Tu vas prendre le déjeuner ? → _____ .

6 Elles vont voir leur professeur ? → _____ .

7 Tu vas essayer cette robe ? → _____ .

8 Vous allez passer vos examens ? → _____ .

9 Il va chez ses parents ? → _____ .

10 Elle va rentrer tout à l'heure ? → _____ .

B. L'imparfait et le passé composé.

Exemple : *Aujourd'hui, je mange un bon steak qui est délicieux. →*
Hier aussi, j'ai mangé un bon steak qui était délicieux.

1 Aujourd'hui, Lisa a un examen de français et elle est inquiète. →

_____ .

2 Aujourd'hui je vais passer la journée au parc parce qu'il fait beau. →

_____ .

3 Ce matin, ils boivent un litre de café pendant que leurs enfants jouent. →

_____ .

4 Ce samedi, tu viens en train parce que tu veux éviter les embouteillages. →

_____ .

5 Ce matin, ils font des exercices parce qu'ils doivent passer un test l'après-midi. →

_____ .

6 Aujourd'hui, vous prenez le métro parce que vous êtes pressé. →

_____ .

7 Aujourd'hui, il reste à la maison parce qu'il pleut. →

_____ .

8 Aujourd'hui, il va au travail très tôt parce qu'il a une réunion importante. →

_____ .

❾ Aujourd'hui, nous mangeons beaucoup, parce que nous avons très faim. →

_____ .

❿ Aujourd'hui, elle révise ses leçons à la bibliothèque, parce qu'elle a un examen. →

_____ .

3. Remplissez les trous.

A. L'imparfait ou le passé composé ?

❶ Quand vous (partir) _____ , vous (avoir) _____ l'air triste.

❷ Quand vous (se mettre) _____ à parler, vous (avoir) _____ l'air en colère.

❸ Quand elle (venir) _____ à la maison, elle (être) _____ avec son chien.

❹ Quand il (arriver) _____ , il (pleuvoir) _____ .

❺ Quand tu (entrer) _____ , tout le monde (parler) _____ .

❻ Quand il (commencer) _____ à parler, tout le monde (manger) _____ .

❼ Quand vous (finir) _____ votre travail, vous (être) _____ fatigués.

❽ Quand elle (sortir) _____ , son père (regarder) _____ la télévision.

❾ Quand elles (se coucher) _____ , il (faire) _____ nuit.

❿ Quand je (rencontrer) _____ Marie, elle (être) _____ en vacances.

B. Mettez les verbes à l'imparfait.

Tous les matins, Sylvie (se réveiller) _____ à six heures. Elle (rester) _____ un peu au lit et elle (se lever) _____ à 6 heures et demie, c' (être) _____ assez tôt pour elle. Elle (prendre) _____ sa douche et elle (s'habiller) _____ . Ensuite, elle (prendre) _____ son petit-déjeuner. Pendant son petit-déjeuner, elle (lire) _____ un peu et elle (écouter) _____ la radio. Après avoir pris son petit-déjeuner, elle (s'occuper) _____ de ses plantes vertes. Ensuite elle (se préparer) _____ pour partir au travail : elle (se brosser) _____ les dents, elle (se maquiller) _____ , elle (mettre) _____ son manteau et elle (partir) _____ au travail. Elle (sortir) _____ de chez elle à sept heures et quart. Avant de commencer son travail, elle (prendre) _____ un café avec Julien, son collègue. Elle (travailler) _____ de huit heures à midi. Après avoir fini son travail, elle (aller) _____ se promener dans un parc. Elle (se promener) _____ pendant une heure et puis elle (rentrer) _____ . Chaque soir, elle (faire) _____ quelques courses au supermarché du coin, elle (parler) _____ quelques minutes avec la voisine et elle (rentrer) _____ pour préparer le repas. Sylvie (vivre) _____ seule. Elle (ne pas avoir) _____ d'animaux et elle (être) _____ heureuse comme ça. Le soir, Elle (manger) _____ en regardant la télé. Après avoir regardé son programme préféré, elle (faire) _____ la vaisselle et elle (téléphoner) _____ à une amie. Ensuite, elle (se démaquiller) _____ et elle (prendre) _____ son bain. Elle y (rester) _____ pendant une heure. Après le bain, elle (se sécher) _____ longuement les cheveux. Et après s'être séché les cheveux, elle (se coucher) _____. Elle (lire) _____ un peu avant de s'endormir. Elle (s'endormir) _____ vers minuit.

C. Mettez les verbes au présent, au passé composé ou à l'imparfait.

Avant, Mélanie (avoir) _____ les cheveux courts, elle (porter) _____ toujours des robes gaies et elle (adorer) _____ faire les boutiques. Quand elle (être) _____ étudiante, elle (aller) _____ régulièrement dans une petite boutique située près de son université. Elle (trouver) _____ toujours quelque chose : des T-shirts colorés, des jupes sympas, des pulls de toutes les couleurs. Mais un jour, Mélanie (devoir) _____ tout changer. Maintenant, elle (avoir) _____ les cheveux longs, elle (porter) _____ des robes noires ou grises, des chemisiers blancs, des pulls et des chaussures très classiques. Elle (devenir) _____ avocate et elle (adorer) _____ sa nouvelle vie.

D. Mettez les verbes au présent, au passé composé ou à l'imparfait.

Quand Jeanne (être) _____ étudiante, elle (lire) _____ et elle (étudier) _____ beaucoup, elle (aller) _____ presque tous les jours à l'université à pied ou à vélo. Elle (être) _____ très sérieuse, mais elle (aimer) _____ aussi beaucoup sortir : le soir elle (aller) _____ souvent boire un verre avec des amis dans un bar du centre-ville. C' (être) _____ une jeune femme très simple qui (ne pas se maquiller) _____ et qui (ne pas fumer) _____. Elle (avoir) _____ des animaux et elle (s'en occuper) _____ bien. Elle (rentrer) _____ le dimanche pour manger avec ses parents.

Un jour tout (changer) _____. Elle (rencontrer) _____ Sébastien et elle (tomber) _____ amoureuse de lui. Sébastien (être) _____ grand, il (être) _____ beau et il (avoir) _____ les cheveux longs. Mais il (être) _____ un peu bizarre, il (parler) _____ très vite et il (être) _____ toujours très stressé. Un jour, elle (partir) _____ avec lui aux États-Unis et ils (avoir) _____ des problèmes d'argent. Il (commencer) _____ à boire et il (devenir) _____ violent. Ils (se séparer) _____ cinq ans plus tard.

Aujourd'hui, Jeanne (habiter) _____ à Rouen, elle (être) _____ très différente. Elle (ne plus voir) _____ ses parents, elle (se maquiller) _____ beaucoup, elle (fumer) _____ un paquet de cigarettes par jour et elle ne (se déplacer) _____ qu'en voiture. Elle (devenir) _____ très paresseuse et elle (passer) _____ ses soirées sur Internet à jouer à... Second Life.

4. Choisissez la bonne réponse.

❶ Le téléphone a sonné au moment où je _____ ma douche.

　　A. prends　　　　B. ai pris　　　　　C. prendrai　　　　D. prenais

❷ Il _____ un journal quand sa femme _____.

　　A. a lu... est entré　　　　　　　　B. a lu... est entrée

　　C. lisait... est entré　　　　　　　 D. lisait... est entrée

❸ Le jour où _____ ma montre, _____ à Paris.

　　A. je perdais... j'ai été　　　　　　B. j'ai perdu... je serais

　　C. j'ai perdu... j'étais　　　　　　 D. je perdais... j'étais

❹ Pierre, je le connais, _____ 10 jours chez lui.

　　A. j'ai habité　　　B. j'habitais　　　C. j'avais habité　　D. j'habite

❺ Hier, on _____ au restaurant.

　　A. va manger　　　B. mange　　　　C. a mangé　　　　D. mangeait

❻ Paul _____ de la maison, pendant que Pierre regardait la télévision.

　　A. sortait　　　　B. est sorti　　　　C. sort　　　　　　D. va sortir

❼ Pendant que nous bavardions, la pluie _____.

　　A. cesse　　　　　B. avait cessé　　　C. cessait　　　　　D. a cessé

❽ Quand il a créé cette entreprise, il n' _____ que 21 ans.

　　A. avait　　　　　B. était　　　　　　C. a eu　　　　　　D. a été

❾ Quand il vivait à la campagne, il _____ le matin autour du lac.

　　A. se promène　　B. se promenait　　C. va se promener　D. s'est promené

❿ Mon frère téléphonait à son ami pendant que je _____.

　　A. lis　　　　　　B. lirais　　　　　　C. lirai　　　　　　D. lisais

Vocabulaire et expressions

1. Mettez en ordre.

A. Mettez les lettres en ordre pour former un mot.

❶ | n | e | i | g | l | a | t | s | o | _____

❷ | l | o | t | i | o | n | a | c | _____

❸ | b | t | e | a | a | u | _____

❹ | d | u | c | e | u | r | o | _____

5 | p | r | e | é | v | n | a | n | t | _____

B. Mettez les mots en ordre pour former une phrase complète.

1 J'étais – lui – de – cette – amoureuse – à – époque.

_____

2 Je – tombé – suis – amoureux – tout – d'elle – de – suite.

_____

3 Nous – sommes – nous – dans – rencontrés – une – soirée.

_____

4 C'est – et – fille – ravissante – une – irrésistible.

_____

5 Nous – regard – nous – échangé – sommes – un – profond.

_____

C. Insérez ce que la dame a dit dans le bon endroit pour former un dialogue logique.

1 Non, je ne suis pas anglaise, je suis australienne.
2 Depuis 3 ans. Je vis en France depuis trois ans.
3 Oui, c'est mon appartement. 36 rue de Seine, à Paris.
4 Je suis toujours célibataire.
5 C'est ma date de naissance, oui.
6 Oui, je comprends. Je m'appelle Mary Perkins.
7 Euh... non, je suis seule.
8 Pardon ?
9 Oh... ils sont décédés, malheureusement.
10 Je resterai en France aussi longtemps que je peux.

– Bonjour Madame, c'est pour le recensement, voici ma carte.
– Bonjour Monsieur, je vous attendais. Entrez, asseyez-vous.
– Merci. Je vais vous poser quelques questions.
– Oui, je vous en prie.
– Comment vous appelez-vous exactement ?
– _____
– Euh... Comment vous vous appelez... Quel est votre nom ?
– _____
– Quelle est votre date de naissance ?
– J'ai 34 ans.

– Excusez-moi... Vous êtes née quand ? Quel jour, quel mois, quelle année ?

– Oh... le 2 février 1970. Je suis née le 2 février 1970. _____

– Bien. Et votre nationalité ? Vous êtes anglaise ?

– _____

– Vous habitez ici ? C'est votre domicile ?

– _____

– Vous travaillez Madame ?

– Oui, je suis professeur. J'enseigne à l'Université de la Sorbonne, à Paris. _____

_____

– Vous avez une autre activité professionnelle ?

– Non, c'est tout.

– Quelle est votre situation familiale ?

– Je vous demande pardon ?

– Euh... Vous êtes mariée, vous êtes célibataire ? Divorcée ?

– Ah... Je ne suis pas mariée, pas encore. _____

– Vous n'avez pas d'enfants ?

– Non, je n'en ai pas.

– Vous avez de la famille en France ?

– _____ Ma mère habite en Australie. Mon père

aussi. Mon frère voyage beaucoup, je crois qu'il est aux États-Unis en ce moment.

– Vos grands-parents ?

– _____

– Voici ma dernière question Madame : Avez-vous l'intention de rester longtemps en

France ?

– Oh oui ! J'aime beaucoup ce pays, et mon travail est intéressant. _____

– Je vous remercie Madame.

– Je vous en prie.

2. Classez par groupes.

A. Mélioratifs ou péjoratifs ?

❶ beau ❷ agréable ❸ cultivé ❹ élégant ❺ laid
❻ mauvais ❼ aimable ❽ adorable ❾ incorrect ❿ désagréable

Termes mélioratifs	
Termes péjoratifs	

B. Qualités ou défauts ?

Il s'appelle Julien et il a 25 ans. Il a beaucoup de qualités. C'est un garçon poli et courtois, mais un peu timide. Quand il est avec des amis, il est drôle mais parfois un peu grossier. Il est intelligent et réaliste. Au travail, tout le monde dit qu'il est compétent, mais il est un peu exigeant. Son principal défaut est d'être un peu pessimiste.

Qualités	
Défauts	

3. Reliez les mots avec leur antonyme.

❶ généreux   violent

❷ ordonné   superficiel

❸ profond   paresseux

❹ sincère   égoïste

❺ aimable   menteur

❻ calme   passif

❼ facile   désordonné

❽ travailleur   détestable

❾ discret   difficile

❿ actif   indiscret

4. Choisissez les bons mots ou expressions pour remplir le texte.

**en terrasse • dernières • bleu • les rues • Heureusement
retourner • une journée • visiter • Malheureusement • déçu**

Mes ____❶____ vacances, je les ai passées à Paris. J'adore cette ville. J'ai visité le musée du Louvre, le musée d'Orsay, le musée Rodin. Je me suis promené dans _____ ❷ _____ de Paris, j'ai fait les magasins. Je suis aussi allé passer _____ ❸ _____ à Versailles pour _____ ❹ _____ le château. _____ ❺ _____, ce jour-là, il ne faisait pas beau, il a plu le matin et l'après-midi, il y a eu un vent terrible. J'étais un peu _____ ❻ _____ car j'aurais bien voulu passer un peu de temps dans les jardins. _____ ❼ _____, le jour suivant, le ciel était _____ ❽ _____ et j'ai pu profiter de mon dernier jour de vacances en France. Je suis allé boire un café _____ ❾ _____, j'ai mangé dans un bon petit restau et l'après-midi, j'ai écrit des cartes postales à tous mes amis. J'espère bien pouvoir _____ ❿ _____ en France très bientôt. Mais cette fois, il faut que j'aille dans le Midi. Il paraît que c'est fantastique.

Compréhension écrite

1. Lisez le texte et choisissez la bonne réponse.

– Tu fais beaucoup de sport ?

– Oui, je pense que je suis assez sportif. Je fais à peu près une heure de sport tous les jours en semaine et le week-end environ deux ou trois heures de sport : un peu de course à pied, un peu de musculation, un peu de natation et du VTT. Donc on peut dire que je suis un passionné de sport mais pas du tout passionné de sport télé par contre. Je ne regarde pas la télé : les matches de foot, tout ça, ça ne me passionne pas. Je préfère le faire.

– Est-ce que tu peux me parler de ce que tu vas faire pendant ces vacances ou de ce que tu as déjà fait ?

– Alors pendant le premier mois de vacances, j'ai décidé de faire un stage dans une entreprise à Paris. Alors, j'ai travaillé dans un restaurant pendant un mois... plutôt pendant trois semaines en fait, pas pendant le mois complet. Et pendant la première semaine, j'ai travaillé en cuisine. Pendant la deuxième semaine, j'ai travaillé pour faire le service en salle. Et la troisième semaine, j'ai aussi fait le service mais dans un café.

– Donc, au total, tu as travaillé trois semaines ?

– J'ai travaillé trois semaines.

– C'était dans le même restaurant ?

– C'était dans la même entreprise avec un restaurant et un café. Et ça, c'est un job d'été... Donc, ça c'est un job d'été que je fais pendant... que j'ai fait pendant le mois de juillet et qui me permet de gagner un peu d'argent que je pourrai ensuite dépenser par exemple pendant le deuxième mois de vacances, pendant le mois d'août.

– Et donc, au mois d'août, qu'est-ce que tu as prévu de faire ?

– Alors, pendant le mois d'août, je vais partir avec ma famille dans les Alpes et dans le Sud de la France. Et je vais aussi retrouver à la fin du mois d'août quelques amis sur la Côte-d'Azur.

– C'est bien ça. Et dans les Alpes, tu vas rester combien de temps ?

– Je vais rester une semaine et demie ou deux semaines dans les Alpes. Je vais pouvoir faire de la marche en montagne, profiter des beaux paysages et me reposer.

– Excellent ! Et alors, la rentrée, c'est pour quand ?

– La rentrée, c'est prévu pour début septembre. Le quatre septembre, si je me souviens bien.

❶ La personne interviewée fait combien d'heures de sport tous les jours en semaine ?

    A. à peu près une heure

    B. environ deux, trois heures

    C. à peu près deux heures

❷ Qu'est-ce qu'il fait comme sport ?

    A. de la course à pied

    B. un peu de musculation

    C. tous les sports mentionnés ci-dessus

❸ Il a travaillé pendant combien de temps dans l'entreprise ?

    A. tout un mois

    B. trois semaines

    C. pendant toutes les vacances d'été

❹ La première semaine dans l'entreprise, qu'est-ce qu'il a fait ?

    A. Il a travaillé en cuisine.

    B. Il a travaillé pour faire le service en salle.

    C. Il a aussi fait le service mais dans un café.

❺ La rentrée, c'est pour quand ?

    A. début août

    B. fin août

    C. début septembre

2. Lisez le texte et répondez aux questions.

John est américain. Il vient de Boston. Il est arrivé à Paris il y a maintenant 2 ans et il n'a pas très envie de retourner aux États-Unis. Il pense souvent à son pays, mais le style de vie français lui plaît beaucoup. En fait, il aimerait habiter en France et travailler aux États-Unis, mais ça, c'est difficile...

John va souvent au cinéma, il y va une fois par semaine. Il aimerait bien y aller plus souvent mais ça coûte cher et il n'a pas beaucoup de temps à cause de son travail.

Il aime bien sortir, il voit souvent des copains le week-end et il va boire une bière avec eux. En général, ils parlent de tout et de rien, du travail, des filles, du sport, etc. Quand John va au cinéma, c'est toujours seul. Il n'aime pas être avec quelqu'un quand il voit un film. Ses amis trouvent ça plutôt bizarre. Mais pour John, un peu de solitude, c'est bien. Il n'a pas besoin de dire quelque chose sur le film, par exemple "c'était génial" ou bien "j'ai bien aimé le moment où le garçon marche tout seul dans la nuit" etc., etc. Comme il y va seul, il peut continuer à penser au film et rêver en marchant dans les rues de Paris.

1 D'où vient John ?
2 Pourquoi il aime habiter à Paris ?
3 Pourquoi il ne peut pas aller souvent au cinéma ?
4 Qu'est-ce qu'il fait quand il sort avec ses amis ?
5 Pourquoi il aime aller au cinéma seul ?

Thème et version

1. Thème.

她叫纳塔莉，是一位学习很努力的大学生。她身高 1 米 73，有着绿色的眼睛和长长的头发，充满魅力。她会说法语和日语，喜欢旅行和散步。我第一次见到她就爱上了她。

2. Version.

Elodie est une fille toujours très énergique. Elle est généreuse, enthousiaste et toujours très gaie. C'est une fille très amusante, très drôle sur qui on peut compter. Elle a pourtant un petit défaut, elle n'est pas très ordonnée.

Anissa au contraire est une femme très ordonnée. Elle est très sérieuse, peut-être un peu trop. Elle est toujours bien organisée au travail comme chez elle. C'est une femme réaliste, intelligente et très compétente. Son principal défaut est d'être un peu pessimiste.

Sylvain est paresseux. Il n'aime pas travailler et quand il travaille, il n'est pas organisé, il n'est pas sérieux et on ne peut pas compter sur lui. Mais c'est un garçon honnête, gentil. Il est drôle mais parfois un peu grossier.

Adeline est romantique. C'est une fille timide, un peu triste jamais drôle. Elle est honnête, polie, un peu trop gentille et assez ennuyeuse.

Il y aura une tempête...

Grammaire et conjugaison

1. Conjuguez les verbes suivants.

A. Mettez les verbes à l'imparfait.

pouvoir

❶ Je _____ rester ici.

❷ Il ne _____ porter cette valise.

❸ Nous n'en _____ plus.

❹ Les étudiants _____ sortir le dimanche.

réunir

❶ Tu _____ des amis chez toi ?

❷ Le travail nous _____ .

❸ Nous _____ des informations.

❹ Elles _____ leurs enfants.

B. Mettez les verbes au futur simple.

balayer

❶ Je _____ ma chambre.

❷ Tu _____ la neige ?

❸ Le vent _____ les nuages noirs.

❹ Les balayeurs _____ les ordures.

comprendre

❶ Je le _____ dans mon équipe.

❷ Il te _____ .

❸ Nous ne _____ jamais son intention.

❹ Ses parents le _____ .

2. Transformez les phrases d'après l'exemple.

A. Le passé composé et le futur simple.

Exemple : *Est-ce que tu as déjà fini le travail ?* →
      Non, mais je le finirai la semaine prochaine.

❶ Est-ce que vous avez déjà fait les devoirs ? → _____ .

❷ Est-ce que Michel a déjà téléphoné à son directeur ? → _____ .

❸ Est-ce qu'Anne a déjà invité ses amis chez elle ? → _____ .

❹ Est-ce qu'ils sont déjà partis ? → _____ .

❺ Est-ce que tu as déjà vu tes anciens camarades ? → _____ .

❻ Est-ce qu'elles se sont déjà rencontrées ? → _____ .

❼ Est-ce que votre professeur est déjà revenu ? → _____ .

❽ Est-ce qu'on a déjà passé le film *Harry Potter* au cinéma ? → _____ .

❾ Est-ce que tu es déjà allé chez tes grands-parents ? → _____ .

❿ Est-ce que vous avez déjà apporté les documents à votre directeur ? →

_____ .

B. Le futur immédiat et le futur simple.

Exemple : *S'il fait beau demain, nous allons faire un pique-nique.* →
      S'il fait beau demain, nous ferons un pique-nique !

❶ S'il ne fait pas beau, on va rester à la maison. →

_____ .

❷ Si vous venez dimanche, vous allez voir Luc. →

_____ .

❸ Si vous ne venez pas dimanche, vous n'allez voir personne. →

_____ .

❹ Si vous aimez rire, vous allez aimer ce film. →

_____ .

❺ Si Paul parle beaucoup pendant son voyage, il va faire des progrès. →

_____ .

❻ S'il vient, je vais partir demain. →

_____ .

7 Si tu as de l'argent, qu'est-ce que tu vas faire ? →

_____.

8 Si elle est en retard, il ne va pas être content. →

_____.

9 Si j'ai du temps, je vais passer chez vous. →

_____.

10 S'ils ne vont pas au cinéma ce soir, ils vont regarder la télé à la maison. →

_____.

C. Le pronom relatif « où ».

Exemple : _Nous cherchons un endroit. Nous allons passer nos vacances à cet endroit. →_
Nous cherchons un endroit où nous allons passer nos vacances.

1 Ce restaurant était bien sympa. On a mangé dans ce restaurant samedi dernier. →

_____.

2 Cette ville est belle le soir. Je travaille dans cette ville. →

_____.

3 Je ne retrouve pas la salle. On mange dans cette salle. →

_____.

4 La plage est très polluée. Nous sommes allés dans cette plage. →

_____.

5 Nous avons passé les vacances dans ce village. Je suis née dans ce village. →

_____.

6 Voici la pièce. Nous avons été dans cette pièce tout à l'heure. →

_____.

7 Il est parti ce jour-là. Il s'est mis à faire du soleil ce jour-là. →

_____.

8 Il n'y avait pas tant de monde ce jour-là. Je suis arrivé ce jour-là. →

_____.

9 Cet endroit est calme. Je me trouve dans cet endroit. →

_____.

10 J'irai là. Il y a toujours du soleil là. →

_____.

3. Remplissez les trous.

A. « qui » ou « que » ?

1 Il y avait un élève _____ portait un énorme cartable.

2 Prenez le chemin _____ longe la rivière.

3 Voici le cours _____ j'ai aimé.

4 Le garçon _____ j'ai rencontré s'appelle Paul.

5 J'ai essayé une robe, _____ est trop petite.

6 J'aime les élèves _____ travaillent sérieusement.

7 Le gâteau au chocolat _____ je t'ai préparé sera le meilleur.

8 Vous proposez un projet, _____ est très intéressant.

9 Donne-moi le livre _____ est sur l'étagère.

10 La maison _____ j'ai visitée me plaît beaucoup.

B. Mettez les verbes au futur simple.

1 Dans une semaine, je (aller) _____ chez ma sœur.

2 Quand est-ce que Julia (venir) _____ nous voir ?

3 Tu ne (regarder) _____ pas la télé ce soir !

4 Demain il (pleuvoir) _____ sur toute la France.

5 Vous (recevoir) _____ bientôt de nos nouvelles.

6 Paul nous (envoyer) _____ le courriel dans deux jours.

7 Pendant nos vacances, nous (visiter) _____ différentes villes en Italie.

8 Nous ne (faire) _____ rien de ce que tu as dit !

9 Dans quelques années, cette voiture ne (valoir) _____ plus rien.

10 Tes parents (être) _____ toujours là pour toi.

C. Mettez les verbes au futur simple.

Projet de vie de Paul

Un jour, Paul (partir) _____ et il (faire) _____ le tour du monde. Il (prendre) _____ son sac à dos et il (partir) _____ à pied. Il (voyager) _____ en Europe. En Italie, il (visiter) _____ Rome, Milan, Florence et la Sicile. Il (aller) _____ aussi en Allemagne à Francfort et à Munich. Il (voyager) _____ aussi en Afrique du Nord. Il (aller) _____ voir le Sahara et il (goûter) _____ aux spécialités locales. Il (parler) _____ avec les gens.

Il (aller) _____ aussi en Asie, en Inde ou en Chine. Quand il (être) _____ fatigué, il (rentrer) _____ et il (trouver) _____ un travail intéressant. Il (travailler) _____ beaucoup et il (créer) _____ son entreprise. Il (avoir)

_____ plein d'employés et il (être) _____ un bon patron. Il (acheter) _____ une belle maison et il (se marier) _____ avec une actrice. Il (pouvoir) _____ rencontrer des stars du monde entier.

D. Remplissez les trous avec un pronom relatif approprié.

J'habite dans une ville _____ j'aime beaucoup. C'est une ville _____ il y a beaucoup d'espaces verts, beaucoup de jardins publics. Il y a aussi des arbres dans les rues. Dans ma ville, il y a aussi un centre culturel _____ propose des activités _____ m'intéressent beaucoup. Ce centre culturel est un endroit _____ les gens peuvent apprendre le théâtre, la danse, la musique. C'est un lieu très dynamique _____ propose aussi des concerts et des spectacles très variés _____ sont toujours très appréciés. Les jours _____ il y a des spectacles, il y a toujours beaucoup de monde et tous les billets sont vendus. Je crois qu'un centre culturel comme celui-là est très utile. Dans ma ville, il y a beaucoup d'habitants. Ce sont des gens très sympathiques _____ vous aideront si vous avez des problèmes. Voilà, ma ville est comme ça. Et votre ville, elle est comment ?

Vocabulaire et expressions

1. Mettez en ordre.

A. Mettez les lettres en ordre pour former un mot.

❶ m i é i t o _____

❷ o u b e q t u _____

❸ r e s t r a v e r _____

❹ b l c h i r a n _____

❺ v i o t n e l _____

B. Mettez les mots en ordre pour former une phrase complète.

❶ Le – soleil – presque – brillera – en – partout – France.

_____

❷ La – la – restera – moitié – sous – nord – pluie.

_____

❸ Les – proches – de – températures – seront – zéro.

_____

❹ Le – reviendra – toute – temps – sur – beau – la – France.

_____

❺ Il – fin – quelques – y – aura – en – orages – de – soirée.

_____

> **C. Insérez ce que Jean-Pierre a dit dans le bon endroit pour former un dialogue logique.**

❶ Toi non plus. Si un peu, tu as changé de coiffure !
❷ Oui c'est cela, c'est probablement les lunettes, tu as l'air sérieuse !
❸ Cela fait combien de temps qu'on ne s'est pas vus ?
❹ Oui, j'ai quitté Lyon il y a cinq ans et j'habite à Paris.
❺ D'accord ! Disons six heures et demie, devant la porte d'entrée.
❻ Béatrice ? Je ne peux pas y croire !
❼ Ce n'est pas ma priorité en ce moment.
❽ Tu es occupée demain soir ?
❾ Tu as raison, on est bien chez ses parents !
❿ J'avais 18 ans, j'en ai 28 maintenant. Cela fait dix ans !

Béatrice :   Jean-Pierre ? Jean-Pierre Cournot ?
Jean-Pierre : Oui... euh... vous êtes...
Béatrice :   Tu ne te souviens pas de moi ? Béatrice... Béatrice Gaillard, Lycée Fontanier, à Lyon...
Jean-Pierre : _____
Béatrice :   Pour une surprise, c'est une surprise !
Jean-Pierre : _____
Béatrice :   Longtemps ! Dix ans peut-être ? Après le bac, nous avons perdu contact...
Jean-Pierre : Oui après le bac... _____
Béatrice :   Le temps passe vite ! Tu n'as pas changé !
Jean-Pierre : _____
Béatrice :   Je porte des lunettes aussi, c'est pourquoi tu ne m'as pas reconnue !
Jean-Pierre : _____
Béatrice :   Qu'est-ce que tu fais maintenant ? Tu as quitté Lyon ? Tu habites à Paris ?
Jean-Pierre : _____ Je travaille ici aussi. Et toi ?

Béatrice : Toujours à Lyon, je n'ai pas changé d'adresse. J'habite toujours chez mes parents.

Jean-Pierre : _____ Qu'est-ce que tu fais ?

Béatrice : Je travaille dans une banque. La même banque depuis sept ans. J'y suis entrée après ma licence d'économie. Et toi, tu es marié, tu as des enfants ?

Jean-Pierre : Marié ? Non, certainement pas. _____
Je voyage beaucoup pour mon travail, ce n'est pas une bonne chose pour un mari !

Béatrice : Écoute, nous devons nous voir. Je reste encore quelques jours à Paris.

Jean-Pierre : Bien sûr, on pourrait dîner ensemble ? _____

Béatrice : Non je suis libre, je finis vers six heures. On peut se donner rendez-vous après ?

Jean-Pierre : _____

D. Mettez les phrases en ordre pour former un dialogue logique.

Dans un restaurant, le serveur parle à une cliente.

1. Bonjour Madame, vous avez choisi ?
2. Oui Madame.
3. Cela a été ? Vous prendrez du fromage, un dessert ?
4. Oui, je prendrai une crème caramel.
5. Voici l'addition.
6. Non merci, pas de café.
7. De l'eau minérale. Vous avez de l'eau gazeuse ?
8. Je n'ai pas assez d'argent... Je peux faire un chèque ?
9. J'ai choisi une salade de tomates pour l'entrée.
10. Et comme boisson ? Du vin, de l'eau minérale ?
11. Je voudrais une assiette de charcuterie.
12. Et comme plat ? Qu'est-ce que vous avez choisi ?
13. Vous prendrez un café ?
14. Mais oui Madame, nous acceptons aussi les chèques.

2. Reliez le verbe qui correspond au nom.

Verbes	Noms
❶ prévoir	une découverte
❷ améliorer	une visite
❸ balayer	un blanchissage
❹ visiter	une économie
❺ blanchir	une amélioration
❻ arrêter	un encouragement
❼ économiser	une prévision
❽ encourager	un balayage
❾ comprendre	un arrêt
❿ découvrir	une compréhension

3. Choisissez les bons mots ou expressions pour remplir le texte.

fatigué • tôt • Surprise • ennuyeuse
son anniversaire • le garage • envie • la maison

Mon mari était ___❶___. On rentrait d'une soirée ___❷___ avec son directeur. Il avait très ___❸___ d'aller dormir. Le lendemain, il devait se lever ___❹___. On est arrivés à ___❺___ après un voyage de quelques minutes. J'ai rentré la voiture dans ___❻___. Mon mari est entré dans la maison et il a allumé une lampe. Et tout à coup,... « ___❼___ ! ». Tous ses amis étaient là pour fêter ___❽___.

Compréhension écrite

1. Lisez le bulletin météorologique et dites si les affirmations sont vraies ou fausses.

– Sans plus attendre, la météo de ce week-end, Léa Minot.

– Enfin, nous aurons un assez beau week-end ! Fini le vent, la pluie et le froid... place au soleil ! Aujourd'hui, samedi, le temps sera doux avec encore quelques nuages sur la partie nord du pays. Il ne pleuvra pas, sauf sur la Normandie et la Bretagne en fin de journée. Les températures : 18℃ à Paris, 17℃ à Lille et 24℃ à Marseille. Demain, même type de temps mais il ne pleuvra pas. Il y aura un beau soleil sur toute la partie sud du pays. Petit à petit, les nuages vont disparaître partout et dans quelques jours, il fera très beau et même très chaud sur l'ensemble du pays.

		Vrai	Faux
❶	Il ne fera pas très beau ce week-end.		
❷	Ce week-end, il y aura du vent et il fera un peu froid.		
❸	Samedi, le temps sera froid.		
❹	Samedi, il y aura des nuages sur tout le pays.		
❺	Il pleuvra samedi soir en Normandie et en Auvergne.		
❻	Il fera 17 degrés à Paris et 24 degrés à Marseille.		
❼	Dimanche, il pleuvra sur la partie nord du pays.		
❽	Dimanche, le soleil brillera partout.		
❾	Les nuages reviendront dans quelques jours.		
❿	Dans quelques jours, il fera beau sur tout le pays.		

2. Lisez le texte et répondez aux questions.

La météo

Aujourd'hui, dans le nord de la France, il y a des orages. À Paris, il y a des nuages. Dans l'est de la France, il fait froid. Il fait 5 degrés et il y a aussi des nuages.

Dans l'ouest de la France, en Bretagne, il pleut. Il y a des nuages, de la pluie et du vent. Il ne fait pas chaud, il fait 8 degrés.

Dans le sud-ouest, il fait beau mais frais : 11 degrés.

Dans le sud de la France, il y a du soleil, mais attention, dans le sud-est, il y a du vent.

Les montagnes, maintenant : il fait beau sur le Massif Central. Sur les Pyrénées, il y a des nuages. Et dans les Alpes, il neige, il fait 0 degrés.

Je vous donne les températures pour les grandes villes :

À Lille, ce matin, il fait 8 degrés et 10 cet après-midi.

À Paris, 4 degrés ce matin et 9 cet après-midi.

À Nice, 9 degrés ce matin et 14 cet après-midi.

À Strasbourg, il fait seulement 2 ce matin et 6 cet après-midi.

Et enfin, à Montpellier, 13 dans la matinée et 18 dans l'après-midi.

1 Quel temps fait-il dans le nord de la France ?

_____.

2 Quelle est la température dans l'est de la France ?

_____.

3 Est-ce qu'il fait beau dans le sud de la France ?

_____.

4 Quelle est la température à Paris cet après-midi ?

_____.

5 Quelle est la température à Montpellier le matin ?

_____.

Thème et version

1. Thème.

天气预报预测一整个星期都会阳光明媚！所以我要去海边度过周末。我想全家人都会跟我来：我的妻子，我的孩子们，我的岳父岳母……我们将去海滩散步，在海里游泳，在海边的餐馆吃饭。这真是太棒了！我肯定我们会度过一段美好的时光。

2. Version.

En hiver, dans le sud de la France, le ciel est bleu, il y a du soleil et il fait doux. Dans les Alpes, au sud-est, il fait très froid, il y a beaucoup de neige et le ciel est souvent très nuageux. Dans le nord et dans l'est, il fait froid et nuageux. Il pleut ou il neige très souvent. L'hiver n'est pas très agréable dans ces régions.

Au printemps, il fait doux dans la plupart des régions. Il pleut beaucoup, particulièrement dans l'ouest et dans le centre de la France. En été, il fait beau dans tout le pays. C'est dans le sud et dans l'est qu'il fait le plus chaud. Les températures moyennes peuvent atteindre 30 et même 35 degrés certains jours.

En automne, le temps est assez agréable. Il y a un peu plus de vent et il pleut assez souvent, mais c'est une saison ni trop chaude, ni trop froide, comme le printemps.

Fais ci, fais ça

1. Conjuguez les verbes suivants.

A. Mettez les verbes à l'impératif.

mettre

❶ _____ ton livre sur la table !

❷ Ne _____ pas votre manteau, il fait doux aujourd'hui.

❸ _____ notre argent à la banque !

tirer

❶ _____ ta langue et fais « Ah » !

❷ _____ la porte, s'il vous plaît !

❸ _____ le vin et buvons à notre santé !

B. Mettez les verbes au futur simple.

essuyer

❶ Tu _____ les meubles.

❷ Elle _____ ses pieds avant d'entrer.

❸ Le vent _____ les chemins.

❹ À cause de la tempête, les agriculteurs _____ une perte considérable.

tenir

❶ Je _____ ma chambre propre.

❷ Tu _____ ces plats chauds.

❸ Sa maladie le _____ au lit.

❹ Nous _____ notre promesse.

2. Transformez les phrases d'après l'exemple.

A. L'impératif.

Exemple : *Tu dois faire la cuisine. → Fais la cuisine !*

① Vous devez venir nous voir. → _____.

② Nous devons répondre à leur lettre d'invitation. → _____.

③ Tu dois sortir par là. → _____.

④ Vous devez être gentils avec elles. → _____.

⑤ Tu dois lui téléphoner tout de suite. → _____.

⑥ Nous devons lire le texte maintenant. → _____.

⑦ Vous devez ouvrir votre livre. → _____.

⑧ Tu vas faire les exercices. → _____.

B. « C'est... que ».

Exemple : *Vous cherchez un appartement ou une villa ? → C'est une villa que je cherche.*

① Tu aimes la cuisine chinoise ou la cuisine française ? → _____.

② Tu préfères Jacques ou Paul ? → _____.

③ Tu veux du bœuf ou du poulet ? → _____.

④ Tu as rencontré Pierre ou Jacques ? → _____.

⑤ Tu lis un roman ou un journal ? → _____.

⑥ Tu passes ton examen jeudi ou vendredi ? → _____.

⑦ Tu habites à Beijing ou à Shanghai ? → _____.

⑧ Tu vas à la bibliothèque ou à la cantine ? → _____.

⑨ Tu pars en voyage avec tes parents ou avec tes amis ? → _____.

⑩ Tu vas faire tes devoirs ce soir ou demain matin ? → _____.

C. « C'est... qui ».

Exemple : *Elle a acheté un chat. → C'est elle qui a acheté un chat.*

① Ils ont téléphoné à Madame Durieux. → _____.

② Elle a voulu un nouveau sac. → _____.

③ Il a emporté cet objet. → _____.

④ Ils ont mis ces lunettes. → _____.

5 Il a pris un café. → _____.

6 Elle a fait cette erreur. → _____.

7 J'ai écrit cette lettre. → _____.

8 Ma mère a fait la cuisine. → _____.

9 Le professeur a expliqué ce texte. → _____.

10 Tu fais les devoirs. → _____.

3. Remplissez les trous.

A. « c'est... qui » ou « c'est... que » ?

1 C'est un livre _____ est passionnant.

2 C'est une ville _____ est magnifique.

3 C'est l'homme _____ j'aime.

4 C'est l'homme _____ m'aime.

5 C'est le garçon _____ elle a rencontré hier.

6 C'est Paul _____ m'a dit ça.

7 C'est Paul _____ il faut écouter.

8 C'est le français _____ un très grand nombre d'élèves étudie à l'étranger.

9 C'est cette nouvelle voiture _____ nous voulons acheter.

10 C'est en forgeant _____ on devient forgeron.

B. « qui », « que » ou « où » ?

1 Où as-tu mis le livre _____ était ici ?

2 Le livre _____ il m'a donné est dans ma valise.

3 Mon voisin est un homme _____ est très aimable.

4 Je regarde une robe, _____ je trouve belle.

5 Marie est une belle fille, _____ me plaît beaucoup.

6 Je ne révise que les chapitres _____ m'intéressent.

7 Elle est née dans cette ville, _____ il y a beaucoup de monuments historiques.

8 Il faisait beau le jour _____ il est parti.

9 La carte postale _____ tu m'as envoyée est très belle.

10 Elle n'oubliera jamais le théâtre _____ elle a rencontré pour la première fois
Martin.

C. Mettez les verbes à l'impératif.

_____ (ranger) tes affaires au retour de l'école et _____ (s'installer) à ton bureau pour travailler. _____ (ne pas regarder) la télévision avant de finir tes devoirs. _____ (s'installer) et _____ (apprendre) ta leçon avant de faire un exercice. Ensuite, _____ (avoir) toujours ton cahier de texte à côté de toi, ainsi, _____ (être) sûr de ne rien oublier.

Vocabulaire et expressions

1. Mettez en ordre.

A. Mettez les lettres en ordre pour former un mot.

❶ m e a u c o r _____

❷ a s s t t e e i _____

❸ c u o d e _____

❹ s e e e i r v t t _____

❺ é c h e e l l _____

B. Mettez les mots en ordre pour former une phrase complète.

❶ Venez – nous – avec – déjeuner – à – midi.

_____

❷ Je – bon – souhaite – un – vous – week-end.

_____

❸ J'ai – me – de – besoin – reposer.

_____

❹ Ne – bruit – fais – pas – en – de – mangeant.

_____

❺ Il – interdit – de – est – fumer.

_____

C. Insérez ce que le docteur a dit dans le bon endroit pour former un dialogue logique.

❶ Vous avez des douleurs quelque part ?

❷ Vous vous sentez fatiguée... Vous dormez bien la nuit ?

❸ Vous mangez bien ?

4 Oui, et quelle autre douleur ?

5 Vous avez de la fièvre ?

6 Euh... Vous allez aux toilettes régulièrement ?

7 Vous faites du sport de temps en temps ?

8 Bien, je vais vous faire une ordonnance.

9 Euh... Vous suivez un traitement, vous prenez des médicaments ?

10 Il faut manger beaucoup de fruits...

– Alors Mademoiselle, qu'est-ce qui ne va pas ?

– Je ne sais pas docteur, je me sens fatiguée...

– _____

– Non, pas du tout, je dors très mal, j'ai des insomnies.

– _____

– Non pas de fièvre. Mais je me sens faible.

– _____

– Non, je n'ai jamais faim, je n'ai pas envie de manger.

– _____

– Oui docteur, j'ai mal partout.

– Vous avez mal partout. Où par exemple ?

– J'ai mal à la tête souvent. Je prends de l'aspirine mais ça ne me fait rien.

– _____

– J'ai mal au ventre aussi.

– Au ventre... Vous voulez dire... à l'estomac ?

– Oui à l'estomac, plus bas aussi, vous savez... vers les intestins.

– _____

– Non, justement, pas tous les jours.

– _____

– Oui j'en mange, mais ça me fait mal au ventre.

– _____

– Non, pas du tout, j'ai trop mal au dos.

– Vous pourriez nager, aller à la piscine...

– Je ne sais pas nager docteur.

– _____

– Non docteur, je ne prends rien en ce moment.

– _____

– Qu'est-ce que j'ai docteur ? C'est grave vous pensez ?

– Non, ce n'est pas grave... Un peu d'anxiété c'est tout.

D. Insérez ce que Pascal a dit dans le bon endroit pour former un dialogue logique.

❶ Et tu n'as pas essayé de l'appeler sur son portable ?
❷ Qu'est ce qui se passe ? Tu fais une drôle de tête.
❸ Tu es trop dure avec les gens.
❹ Qu'est-ce qu'il y a ?

Pascal : _____

Marie : Oui, je ne suis pas très contente.

Pascal : _____

Marie : J'avais rendez-vous avec Paul à deux heures, mais il n'est pas venu.

Pascal : _____

Marie : Si mais, il ne répond pas. C'est toujours la même chose avec lui. On ne peut pas lui faire confiance.

Pascal : _____

Marie : Non, je ne suis pas dure... Je pense simplement que c'est le minimum de prévenir quand on est en retard.

2. Reliez les verbes avec leur nom.

Verbes	Noms
❶ vider	arrivée
❷ fatiguer	auscultation
❸ arriver	fatigue
❹ ausculter	gêne
❺ respirer	baisse
❻ rédiger	coupure
❼ baisser	limite
❽ gêner	rédaction
❾ limiter	respiration
❿ couper	vide

3. Choisissez les bons mots ou expressions pour remplir le dialogue.

> la grippe • de la fièvre • rhume • consultation • chez
> patiente • médicaments • ordonnance • tension • tousse

Mélanie est malade. Elle va _____ ❶ _____ son médecin de famille, le docteur Vamal.

Mélanie :   Bonjour, Docteur !

Le docteur : Ah ! Voici ma _____ ❷ _____ préférée. Bonjour, Mélanie ! Qu'est-ce qui se passe ?

Mélanie :   Je ne me sens pas bien : je _____ ❸ _____ beaucoup, j'éternue et mon nez coule. Je me mouche toute la journée. J'utilise au moins dix paquets de mouchoirs par jour.

Le docteur : Allongez-vous, je vais prendre votre _____ ❹ _____ ... 11,2 : elle est normale. Vous avez mal à la tête ?

Mélanie :   Oui.

Le docteur : Vous avez _____ ❺ _____ ?

Mélanie :   Oui. J'ai 38,7 de température.

Le docteur : Vous avez des courbatures ?

Mélanie :   Non, je ne crois pas.

Le docteur : Vous êtes en contact avec des personnes malades ?

Mélanie :   Mon amie a _____ ❻ _____, mais elle reste chez elle.

Le docteur : Bon. Vous avez un bon _____ ❼ _____. Vous prendrez des _____ ❽ _____ : un cachet d'aspirine trois fois par jour et une cuillerée de sirop matin, midi et soir. J'ajoute des gouttes à mettre dans le nez quand il est bouché. Voici votre _____ ❾ _____.

Mélanie :   Merci, Docteur. Combien coûte la _____ ❿ _____ ?

Le docteur : 20 euros, s'il vous plaît. Au revoir, Mélanie.

Mélanie :   D'accord. Au revoir, Docteur !

Compréhension écrite

1. Lisez le texte et choisissez la bonne réponse.

La grippe, un danger pour les personnes âgées ? Bien sûr ! Voilà plus de vingt-cinq ans que le monde médical attire notre attention sur cette maladie qui est encore trop souvent vue comme inoffensive. Mais – et ça on le sait moins – la grippe peut-être aussi dangereuse pour les enfants et les jeunes que pour les vieilles personnes. "Si le virus touche, en moyenne, 1 adulte sur 10, il touche chaque année…1 enfant de moins de 5 ans sur 3 !" Voilà ce que nous déclare la professeur Catherine Weil-Olivier, chef de service à l'hôpital Louis-Mourier de Colombes, en région parisienne. Et ce docteur ajoute: "Il faut être très prudent: le nombre de petits enfants (de 1 à 12 mois) qui risquent d'attraper la grippe est aussi important que celui de personnes de plus de 60 ans. Il est grand temps de vacciner les personnes à risque. Il faut aussi vacciner les infirmières et les professeurs parce qu'ils sont, chaque jour, en contact avec des malades ou avec des jeunes. Malheureusement, nous constatons chaque année que seulement 30 à 50 % de ces gens se font vacciner. C'est trop peu !" Pour les personnes – jeunes ou adultes – qui ne sont pas 'à risque' on peut se demander si une vaccination de masse est vraiment nécessaire. Surtout parce qu'aujourd'hui il y a de très bons médicaments qui, quand on les prend dans les 10 à 12 heures qui suivent les premiers symptômes de la maladie, peuvent guérir. Pour cet hiver, les experts pensent qu'il n'y aura que 2 à 2,5millions de malades de la grippe, contre 2,9 malades l'hiver passé. Espérons que les experts ne se trompent pas…

1 Quelles personnes surtout sont exposées à la grippe ?

    A. les personnes âgées   B. les enfants et les jeunes   C. les deux

2 Comment beaucoup de gens voient-ils la grippe ?

    A. dangereuse   B. inoffensive   C. importante

3 Quel est le pourcentage des adultes touchés par la grippe ?

    A. 1 sur 10   B. 1 sur 5   C. 1 sur 3

4 Qui faut-il vacciner ?

    A. les personnes âgées

    B. les enfants et les jeunes

    C. les personnes à risque, les infirmières et les professeurs

5 Est-ce que toutes les personnes à risque se font vacciner ?

    A. oui   B. non   C. on ne sait pas

2. Lisez le texte et choisissez la bonne réponse.

Pendant les vacances je suis allé au Canada. J'y suis allé avec ma famille. Nous avons voyagé en avion, et après ça, en voiture. Nous sommes allés à la montagne où j'ai fait du ski, j'ai fait des randonnées, et j'ai vu des ours et des cerfs. À mon avis c'était vraiment fantastique parce que j'adore les animaux sauvages. En plus, j'ai pensé que la neige était formidable ! Avec ma sœur nous avons fait un bonhomme de neige magnifique, mais il faisait froid… J'ai aimé l'hôtel parce que c'était confortable. Le matin j'ai mangé des céréales et j'ai bu du chocolat chaud – mmm ! Le soir je suis allé à la discothèque avec ma sœur et nous avons dansé. J'ai aimé les filles canadiennes ! Pour mon meilleur ami j'ai acheté un t-shirt. J'ai trouvé Canada super et je voudrais y retourner l'année prochaine.

1 Comment est-il allé au Canada ?

A. en voiture   B. en avion   C. en train

2 Qu'est-ce qu'il a fait à la montagne ?

A. faire du ski

B. faire des randonnées

C. les deux

3 Qu'est-ce qu'il a vu comme animaux sauvages ?

A. des ours et des cerfs

B. des chiens et des chats

C. des loups et des cerfs

4 Qu'est-ce qu'il a mangé le matin ?

A. du pain   B. de la viande   C. des céréales

5 Qu'est-ce qu'il a acheté pour son meilleur ami ?

A. un thé chaud   B. un t-shirt   C. du chocolat chaud

Thème et version

1. Thème.

如何学好法语？

法语不是一门容易学的语言。事实上，它的语法可能会给那些试图学习它的人带来一些困难。然而，学好法语仍然是有可能的，这里有一些有助于您学习的提示。

1. 参加法语课程。

2. 看法语电视节目。

3. 听法语歌曲。

4. 与讲法语的人交谈。

5. 随身携带一本法语袖珍字典。

6. 阅读法语书籍。

7. 去法国旅行。

8. 用法语写文章。

2. Version.

Dormir est un besoin vital. Nous passons un tiers de notre vie à dormir. Mais ce n'est pas du temps perdu. Pendant le sommeil, notre corps se répare. Si chaque individu a sa propre horloge, des chercheurs américains ont établi des besoins différents selon l'âge.

Les adolescents dorment de moins en moins. Les adolescents doivent dormir entre 8 et 10 heures chaque nuit. Les personnes âgées, elles, peuvent se contenter de 6 à 7 heures.

Si le sommeil est essentiel pour tous, les Français dorment de moins en moins. En 50 ans, ils ont raccourci leurs nuits d'une heure et demie en moyenne. Et pour la première fois, elles sont passées sous la barre des 7 heures en 2017.

Selon Santé publique France, près d'un quart des Français sont même en dette sévère de sommeil. Cela signifie qu'ils dorment une heure et demie de moins que leur temps idéal.

Les jeunes de 18 à 24 ans déclarent quant à eux manquer de deux heures et quart de sommeil par nuit en moyenne.

Si on allait au marché ?

Grammaire et conjugaison

1. Conjuguez les verbes suivants.

A. Mettez les verbes au futur simple.

élever

❶ Quand je serai grand, j'_____ des chiens et des chats.

❷ Il _____ des plantes vertes.

❸ Tu _____ ta voix.

❹ Nous _____ bien nos enfants.

s'installer

❶ Je _____ à Paris.

❷ Où _____-tu ?

❸ Vous _____ en France ?

❹ Nous _____ en ville.

B. Mettez les verbes à l'imparfait.

se sentir

❶ Je _____ fatigué.

❷ Comment _____-tu à ce moment-là ?

❸ Il ne _____ plus la force d'aller plus loin.

❹ Nous _____ capables de faire ce travail.

se séparer

❶ Je _____ de mes parents pour vivre en France.

❷ Ici le chemin _____ en deux.

❸ Nous _____ sur la porte.

❹ Ils _____ très tard dans la nuit.

C. Mettez les verbes au conditionnel présent.

faire

❶ Il _____ ce travail demain.

❷ Vous _____ bien de partir dès maintenant.

❸ Nous _____ peut-être en retard.

❹ Elle _____ le pain demain.

vouloir

❶ Je _____ vous poser une question.

❷ _____-vous mettre votre valise ici ?

❸ Nous _____ prendre le repas maintenant.

❹ Elle _____ savoir votre adresse.

2. Transformez les phrases d'après l'exemple.

A. Le pronom « y ».

Exemple : *Ils habitent à Paris ? / Oui. → Oui, ils y habitent.*

❶ Ils habitent en France ? / Oui. → _____.

❷ Il habite à Rome ? / Non. → _____.

❸ Jacques va en France ? / Oui. → _____.

❹ Nicole va souvent au cinéma ? / Non. → _____.

❺ Est-ce que Corinne et Pascal vont dans le sud de la France ? / Oui. →

_____.

B. Le pronom « y » dans la phrase impérative.

Exemple : *Vous devez aller à la réunion. → Allez-y !*

❶ Vous devez aller à la gare. → _____.

❷ Nous ne devons pas aller à la réunion. → _____.

❸ Vous devez habiter à Paris. → _____.

❹ Nous devons aller au marché. → _____.

❺ Tu ne dois pas aller avec ces gens. → _____.

C. Répondez aux questions avec un pronom approprié.

Exemple : *Tu vas porter tes affaires dans ton nouveau bureau ?* →
            Oui, je vais les porter dans mon nouveau bureau.

1 Il est revenu de ses vacances ? → _____.

2 Tu peux téléphoner à papa pour dire que je suis revenu ? →

_____.

3 Tu vas demander à tes collègues de t'aider ? →

_____.

4 Vous allez prendre un café à la cafétéria ? → _____.

5 Tu écris à tes parents ? → _____.

3. Remplissez les trous.

A. « y » ou « en » ?

1 – Benoît vient de Paris ?

  – Oui, il _____ vient.

2 – Charlotte habite toujours à Paris ?

  – Oui, elle _____ habite toujours.

3 – Nicole met ses dossiers dans son armoire ?

  – Oui, elle _____ met ses dossiers.

4 – Est-ce que leur fille vit encore chez eux ?

  – Oui, elle _____ vit encore.

5 – Ils descendent tous du sixième étage ?

  – Oui, ils _____ descendent tous.

6 – Paul achète toujours du pain au supermarché ?

  – Oui, il _____ achète toujours du pain.

B. Mettez les verbes au conditionnel présent.

1 Si tu voulais, tu (pouvoir) _____ rester ici.

2 Si vous veniez, nous (aller) _____ au cinéma.

3 Si tu allais à Paris, tu (pouvoir) _____ visiter la tour Eiffel.

4 Si tu travaillais mieux, tu (réussir) _____ à tes examens.

5 Si vous gagniez de l'argent, qu'est-ce que vous (faire) _____ ?

6 Si nous nous dépêchions, nous (arriver) _____ à l'heure.

7 Si tu aimais bien les légumes, tu en (manger) _____ souvent.

⑧ Si nous étions plus attentifs en cours, nous (finir) _____ plus vite nos devoirs.

⑨ Si j'avais un chien, je le (promener) _____ chaque jour.

⑩ Si elles se rencontraient au supermarché, elles (bavarder) _____ longtemps.

C. Mettez les verbes au conditionnel présent.

❶ Tu vas à Paris lundi. À ta place, je (ne pas aller) _____ à Paris lundi.

❷ Tu bois beaucoup. À ta place, je (ne pas boire) _____ beaucoup.

❸ Il se couche toujours tard. À sa place, je (ne pas se coucher) _____ toujours tard.

❹ Ils arrivent toujours en retard. À leur place, je (ne pas arriver) _____ toujours en retard.

❺ Elle vient en voiture. À sa place, je (ne pas venir) _____ en voiture.

❻ Ils étudient en mangeant. À leur place, je (ne pas étudier) _____ en mangeant.

❼ Tu travailles le dimanche matin. À ta place, je (ne pas travailler) _____ le dimanche matin.

❽ Il mettra son fils en pension. À sa place, je (ne pas mettre) _____ mon fils en pension.

❾ Elle va voir le directeur. À sa place, je (ne pas aller) _____ voir le directeur.

❿ Tu lui donnes 100 euros. À ta place, je (ne pas lui donner) _____ 100 euros.

Vocabulaire et expressions

1. Mettez en ordre.

A. Mettez les lettres en ordre pour former un mot.

❶ j b o n a m _____

❷ t r c e h a n _____

❸ d é e r r s i _____

❹ c e e r s t _____

❺ f l â e r n _____

B. Mettez les mots en ordre pour former une phrase complète.

1 Je – voudrais – de – bouteille – une – vin.

_____

2 Il – au – jamais – va – ne – marché.

_____

3 Je – sur – courses – fais – mes – Internet.

_____

4 On – bonne – très – une – a – boulangerie.

_____

5 Elle – au – flâner – aime – marché.

_____

C. Insérez ce que la vendeuse a dit dans le bon endroit pour former un dialogue logique.

1 La cabine d'essayage est là-bas... Est-ce qu'il vous va ?
2 Bonjour, vous désirez ?
3 Quelle couleur préférez-vous ?
4 Oui, sans problème... Merci, au revoir !
5 Oui, bien sûr. Et maintenant, c'est mieux ?
6 Il fait 250 euros. Ce n'est pas cher, c'est du cuir !
7 Quelle est votre taille ?

La vendeuse : _____
Le client : Je cherche un manteau.
La vendeuse : _____
Le client : Je voudrais un manteau marron.
La vendeuse : _____
Le client : Je fais du 42. Est-ce que je peux essayer le manteau ?
La vendeuse : _____
Le client : Non, il est trop grand. Est-ce que vous avez la taille en dessous ?
La vendeuse : _____
Le client : Oui, c'est parfait. Combien coûte-t-il ?
La vendeuse: _____
Le client : C'est bon, je le prends. Est-ce que je peux payer par chèque ?
La vendeuse : _____

D. Insérez ce que la vendeuse a dit dans le bon endroit pour former un dialogue logique

❶ Alors, une salade, un kilo d'oignons, un kilo de tomates.

❷ Bonjour, qu'est-ce qu'il vous faudra ?

❸ Un euro le kilo !

❹ Une belle salade !

❺ Et avec ceci ?

❻ Oui, et ils sont bons !

❼ Ça ira ?

❽ Merci, bonne journée.

❾ Je vous en mets combien ?

La vendeuse : _____

Le client : Je vais prendre des tomates.

La vendeuse : Alors, des tomates, regardez comme elles sont belles ! _____

_____

Le client : Il m'en faut un kilo.

La vendeuse : Alors, un kilo de tomates... Un kilo cent... _____

_____

Le client : Oui.

La vendeuse : _____

Le client : Je voudrais une belle salade.

La vendeuse : _____

Le client : Ils sont à combien vos oignons ?

La vendeuse : _____

Le client : Ils sont pas chers.

La vendeuse : _____

Le client : Alors mettez-m'en un kilo. Ce sera tout.

La vendeuse : _____ Ça nous fera... allez ! trois euros !

Le client : Tenez.

La vendeuse : _____

2. Classez par groupes.

Imparfait ou conditionnel présent ?

1 je rencontrerais   2 il verrait   3 je faisais   4 vous parleriez
5 elle serait   6 je travaillais   7 il rencontrait   8 tu dirais
9 ils liraient   10 nous parlions

Imparfait	
Conditionnel présent	

3. Reliez les verbes avec leur nom.

Verbes	Noms
1 guider	réponse
2 désirer	privilège
3 trancher	guide
4 discuter	séparation
5 répondre	désir
6 installer	discussion
7 privilégier	tranche
8 élever	installation
9 séparer	perte
10 perdre	élevage

4. Reliez la marchandise avec le nom de métier.

Je veux acheter		Je vais chez
❶ du pain		le poissonnier
❷ un gâteau		le fleuriste
❸ de la viande		le boucher
❹ du poisson		la primeur
❺ des fruits et légumes		le pâtissier
❻ un bouquet de fleurs		le boulanger

5. Choisissez les bons mots ou expressions pour remplir le dialogue.

> essayer • au-dessus • mieux • avec • les cabines d'essayage
> grand • plus tard • comme ça • ça suffit • trop court

Le vendeur : Bonjour, madame, je peux vous aider ?

Julie :　　Non, merci, je regarde.

Un peu plus tard.

Julie :　　Est-ce que je peux _____❶_____ cette jupe, s'il vous plaît ?

Le vendeur : Oui, madame, _____❷_____ sont au fond.

Quelques minutes après.

Le vendeur : Alors, ça va ?

Julie :　　Non, pas vraiment, c'est _____❸_____.

Le vendeur : Vous voulez essayer une taille _____❹_____ ?

Julie :　　Oui, peut-être. Normalement, je fais du 36, mais ce n'est pas assez _____❺_____.

Le vendeur : Je vous apporte un 38.

Quelques minutes _____❻_____.

Le vendeur : Alors, c'est _____❼_____ ?

Julie :　　Je pense que ça va.

Le vendeur : Oui, ça va bien, c'est assez long _____❽_____. La couleur vous va très bien. Est-ce que vous voulez essayer un haut pour aller _____❾_____ ?

Julie :　　Euh... non merci, _____❿_____ pour aujourd'hui.

Compréhension écrite

1. Lisez les petits dialogues puis remplissez le tableau.

1 – Bonjour madame, qu'est-ce qu'il vous faut ?
   – 1 kilo de carottes, et 2 kilos de pommes de terre.
   – Voilà madame, des pommes de terre, des carottes. Et avec ça ?
   – C'est tout monsieur.
   – Bien madame. Cela fera 4 euros 50 en tout.

2 – Bonjour monsieur, 2 kilos de pommes s'il vous plaît.
   – Oui madame, les petites rouges ici, ou les grosses jaunes là-bas ?
   – Je vais prendre celles-ci, elles ont l'air bonnes.
   – Elles sont excellentes madame, vous allez les aimer !

3 – C'est votre tour madame, qu'est-ce qu'il vous faut ?
   – Je voudrais un filet de poisson et deux soles.
   – Oui madame, quel filet ? Le maquereau ? Il est formidable.
   – D'accord pour le maquereau.
   – Et voilà madame, bonne journée !

4 – Bonjour madame, vous voulez goûter mon fromage ?
   – Oui, qu'est-ce que c'est ?
   – C'est du chèvre frais, vous allez voir, il est bon !
   – Oui, c'est vrai, je vais en prendre un.
   – Bien madame, c'est 5 euros.

5 – Regardez mes laitues madame, elles ne sont pas belles ?
   – Si, elles coûtent combien ?
   – Allez, trois pièces pour 2 euros, je vous fais un prix, on va fermer !
   – D'accord, je les prends.

6 – Bonjour madame, un beau poulet pour dimanche ?
   – Oui, vous avez un petit ?
   – Un petit oui... Celui-là, ça va aller ? Il fait 1 kilo 5.
   – Oui, très bien. Vous pouvez le vider s'il vous plaît ?
   – Mais bien sûr madame !

7 – Regardez mes roses, mes tulipes, elles sont belles, elles sont fraîches !
   – Je vais prendre une douzaine de roses blanches s'il vous plaît.
   – Tout de suite madame, vous ne voulez pas des tulipes aussi ?
   – Non merci, cela suffira.
   – Ça fait 6 euros, madame.

– Voilà.

❽ – Qu'est-ce qu'il vous faut madame ?

– Je voudrais la grosse boule de pain, là.

– Oui, le pain de campagne. Il vous faut autre chose ?

– Oui monsieur, vous avez une brioche ?

– Ah non, madame, je regrette, il n'y en a plus.

	Ce qu'on va acheter	La quantité	Le prix
❶			
❷			
❸			
❹			
❺			
❻			
❼			
❽			

2. Lisez le texte et répondez aux questions.

– Bonjour, tu t'appelles comment ?

– Bonjour, je m'appelle Paul.

– Et qu'est-ce que tu fais aujourd'hui ?

– Aujourd'hui, je suis dans une brocante pour vendre des produits dont je ne me sers plus.

– Une brocante... Est-ce que tu peux nous expliquer ce que c'est une brocante ?

– Une brocante, c'est un moment où des personnes se réunissent justement pour vendre des articles, des produits dont on ne se sert plus et donc souvent on vend les produits à bas prix.

– Et quel genre de produit par exemple ?

– Alors, ici, aujourd'hui on vend des bijoux, des bagues, des colliers et aussi des produits de beauté pour la peau, pour les cheveux. Mais également des vêtements : des robes, des pantalons et des T-shirts.

– Ah donc, tous les objets de la vie quotidienne...

– Voilà, exactement, les objets de la vie quotidienne.

– Et combien avez-vous gagné depuis ce matin ?

– Alors aujourd'hui, depuis ce matin, on a gagné 100 euros.

– Merci Paul.

– De rien.

1 La personne interviewée s'appelle comment ?

2 Qu'est-ce qu'il fait aujourd'hui ?

3 C'est quoi une brocante ?

4 Quel genre de produit est-ce qu'on vend ?

5 Combien d'argent a-t-il gagné depuis ce matin ?

Thème et version

1. Thème.

> 花店店员：您好，先生，您要买东西吗？
>
> 顾客：　　是的，我想要一束花，但我不知道该选什么……
>
> 花店店员：您大概准备花多少钱？
>
> 客户：　　我不知道。20 欧元左右……
>
> 花店店员：您看，我可以给您扎一束红色和白色的花束，很漂亮。或者您可以选择一个全部红色的花束。
>
> 顾客：　　我有点犹豫……您有什么建议？
>
> 花店店员：这得看情况。您买花是送人的吗？
>
> 顾客：　　是的，送给我奶奶！
>
> 花店店员：那么我建议您买一束红玫瑰。
>
> 顾客：　　是吗?
>
> 花店店员：是的，您祖母会很高兴的！
>
> 顾客：　　好的。

2. Version.

Félix : Alors, est-ce qu'il reste des carottes ?

Julie : Des carottes, il y en a encore quatre.

Félix : Il y a quoi d'autre comme légumes ?

Julie : Il reste juste des oignons. Trois...

Félix : Ok, alors tu vas rapporter deux kilos de pommes de terre, une salade...
Et puis prends aussi un melon et deux kilos de fraises pour les enfants.

Julie : Ok, c'est noté. C'est tout ce qu'il faudra ?

Félix : Non, il faut que tu passes chez le boucher pour prendre un poulet.

Julie : Un poulet rôti ?

Félix : Oui.

Julie : Ok, c'est tout ?

Félix : Non, tu vas aussi prendre du fromage.

Julie : Du fromage de chèvre ?

Félix : Oui, tu prends un chèvre et un gros morceau de brie.

Julie : D'accord. Il faut autre chose ?

Félix : Non, ça ira bien comme ça.

D'où venons-nous ?
Que sommes-nous ?
Où allons-nous ?

Grammaire et conjugaison

1. Conjuguez les verbes suivants.

A. Mettez les verbes au présent.

payer

❶ Je _____ en liquide.

❷ On _____ avec les applications.

❸ Vous _____ par chèque ou avec carte bancaire ?

❹ Ils _____ leurs amis de retour.

séduire

❶ Ce spectacle me _____.

❷ Je le _____ par mon apparence.

❸ Nous _____ nos consommateurs.

❹ Ces hommes politiques nous _____ par leurs promesses.

B. Mettez les verbes au passé composé.

vivre

❶ Je _____ une période pénible.

❷ Elle _____ à la campagne pendant deux ans.

❸ Est-ce que vous _____ à Paris ?

❹ Comment les Cusin _____ -ils ?

envahir

❶ Les mauvaises herbes _____ le jardin.

❷ La foule _____ les rues.

❸ Tu _____ mes pensées.

❹ Vous _____ notre territoire.

C. Mettez les verbes à l'imparfait.

prendre

1. Il _____ le métro pour aller à son travail.
2. Nous _____ du thé après les repas.
3. Je _____ la température de mon fils quand il était malade.
4. Les étudiants de la classe A _____ des cours de français.

pleuvoir

1. Il _____ tout l'été.

2. Transformez les phrases comme dans l'exemple.

A. Mettez au passé immédiat.

Exemple : *Est-ce qu'il est arrivé ? → Oui, il vient d'arriver.*

1. Est-ce qu'il est parti ? → _____
2. Est-ce qu'il est dix heures ? → _____
3. Est-ce que vous avez posé cette question ? → _____
4. Est-ce que ton frère a fait ses devoirs ? → _____
5. Est-ce que les Moreau ont acheté une nouvelle voiture ? → _____
6. Est-ce que le magasin est fermé ? → _____
7. Est-ce que ta sœur s'est couchée ? → _____
8. Est-ce que tu as fini ton cours ? → _____
9. Est-ce que vous vous êtes rencontrés ? → _____
10. Est-ce que la conductrice a bien garé sa voiture ? → _____

B. Mettez à l'impératif.

Exemple : *Tu m'écoutes ? → Écoute-moi.*

1. Tu m'attends ? → _____
2. Tu nous téléphones ? → _____
3. Vous l'écoutez ? → _____
4. Vous y répondez ? → _____
5. Vous le regardez ? → _____

6 Tu leur expliques ? → _____

7 Tu lui dis non ? → _____

8 Vous les invitez ? → _____

9 Tu en parles ? → _____

10 Vous nous aidez ? → _____

> **C. Mettez au passé composé.**

Exemple : *Il te dit la vérité.* → *Il t'a dit la vérité.*

1 Elle nous invite chez elle. → _____

2 Ils me parlent. → _____

3 Nous vous expliquons la situation. → _____

4 On t'envoie une lettre. → _____

5 Vous me comprenez. → _____

6 On nous critique. → _____

7 Ils me connaissent bien. → _____

8 Vous lui demandez pourquoi. → _____

9 Elle te dit la nouvelle. → _____

10 Je les vois au musée. → _____

3. Répondez aux questions d'après l'exemple.

> **A. La place des pronoms dans les phrases à l'indicatif.**

Exemple : À qui Marie va-t-elle envoyer cette lettre ? À ses parents ? →
  Oui, elle va la leur envoyer.

1 Le chef de classe vous a annoncé la nouvelle ?
Non, _____

2 Le père a-t-il prévenu son fils de sa date d'arrivée ?
Oui, _____

3 Où est-ce que vous avez rejoint vos amis ? Au Palais d'Été ?
Oui, _____

4 Combien de cahiers donnez-vous à votre professeur ? (20)

_____

⑤ Avez-vous monté les tables au 2ème étage ?

    Non, _____

⑥ Tu vas montrer ces diapositives à Fanny ?

    Oui, _____

⑦ Veux-tu demander un stylo à Sophie ?

    Non, _____

⑧ Le directeur a présenté madame Thibault aux étudiants, n'est-ce pas ?

    Oui, _____

⑨ A-t-il pris cette photo au centre-ville ?

    Oui, _____

⑩ Paul va-t-il rendre ce dico à son camarade Sylvain tout à l'heure ?

    Non, _____

B. La place des pronoms dans les phrases à l'impératif.

Exemple : *Je vais apporter ces pommes à Luc ?* → *Oui, apporte-les-lui.*

❶ Vous allez à l'Institut des Langues ? Je vous montre le chemin.

    Oui, _____

❷ Nous rendons la voiture aux Dupont ?

    Oui, _____

❸ Nous devons passer ces dessins aux professeurs ?

    Oui, _____

❹ Je te parle de la France maintenant ?

    Non, _____

❺ Nous allons mettre ces portraits dans la grande salle ?

    Oui, _____

❻ Toi et moi, nous racontons cette histoire à nos camarades ?

    Non, _____

❼ Je t'explique la leçon 19 ?

    Oui, _____

❽ Voulez-vous du vin ? Je vous en donne un peu ?

    Oui, _____

❾ Je peux montrer des photos à notre directeur ?

    Non, _____

🔟 Est-ce que je dois vous rapporter mes livres ?

Oui, _____

4. Remplissez les trous.

A. Remplissez les trous avec un pronom approprié.

❶ Le professeur est malade, _____ allons chez _____ pour _____ voir.

❷ J'ai acheté un bouquet de fleurs. Je vais _____ offrir à ma femme. Elle _____ sera très contente.

❸ C'est _____ que nous avons cherchée à la gare.

❹ Xiaoming a lu trois romans ces jours-là, combien _____ avez-_____ lu ?

❺ Ne peux-tu pas _____ occuper de ces enfants ? Je _____ occupe des miens.

❻ Un bureau ? Je _____ veux un.

❼ Vous avez oublié encore une fois votre cahier ? Pensez-_____ quand vous reviendrez la prochaine fois.

❽ Je voudrais bien connaître votre frère. Pouvez-_____ _____ _____ présenter ?

❾ – De qui parlez-vous ? – D'_____.

🔟 Voici les pommes que j'ai achetées. Manges-_____, mais gardes-_____ deux pour ta sœur.

B. Ajoutez la fin des mots si c'est nécessaire.

❶ La proposition ? Il ne l'a pas accepté_.

❷ Les chansons de Joe Dassin, je les ai écouté_ hier soir.

❸ Le garçon a rapidement pris les billets. Je les avais oublié_ sur la table.

❹ Ces tableaux, nous vous les avons déjà montré_ hier.

❺ Ils sont monté_ au grenier pour retrouver un vieil album photo.

❻ Je n'ai pas porté tous les vêtements que j'ai acheté_.

❼ Elles ne sont pas resté_ très longtemps à la maison.

❽ L'employée que le patron a renvoyé_ n'a toujours pas retrouvé du travail.

❾ Mon mari m'a offert_ un cadeau.

🔟 Les vacances que j'ai pris_ m'ont fait le plus grand bien.

5. Corrigez les fautes s'il y a lieu.

❶ Il n'aime pas cette ville, heureusement, il va y quitter.

❷ Lave-te vite, sinon tu seras en retard.

❸ Après la visite, il nous a dits au revoir.

❹ – Ce stylo est à toi ? – Oui, donne-moi-le.

⑤ Ne me passe pas le sel, je ne l'ai pas besoin.

⑥ Si tu as un dico, prêtes-la-moi.

⑦ Je n'aime pas cette veste, donne-moi-en un autre.

⑧ – Puis-je vous poser une question ? – Bien sûr, allez-y.

⑨ – Qui va acheter des fleurs ? – J'en vais acheter.

⑩ Les photos, elle me les a déjà montré.

6. Mettez les verbes aux temps qui conviennent.

Un accident

La semaine dernière, Hélène (revenir) _____ du marché avec sa mère, quand un gros chien, qui (courir) _____ sur le trottoir, la (jeter) _____ à terre. Mme Henri (avoir) _____ peur, car la petite (avoir) _____ une plaie rouge au genou droit. C'est dans une pharmacie que Mme Henri (conduire d'abord) _____ sa fille. Le pharmacien lui (faire) _____ un pansement, puis Mme Henri (ramener) _____ Hélène à la maison. Pendant la nuit la fille (mal dormir) _____. Elle (avoir) _____ de la fièvre. Le thermomètre (monter) _____ à 39 degrés.

Le lendemain, un médecin, le docteur Dupont, (venir) _____. Il (examiner) _____ Hélène : « Je (ne pas voir) _____ de fracture, (dire, il) _____ à M. Henri, mais il (falloir) _____ radiographier la jambe. (Conduire) _____ de votre villa à l'Hôpital-Dieu. C'est là qu'on (faire) _____ la radio. Je (ne pas faire) _____ d'ordonnance; je (ne donner) _____ aucun remède pour aujourd'hui. »

Vocabulaire et expressions

1. Mettez en ordre.

A. Mettez les lettres en ordre pour former un mot.

❶ r é i e s r a l t u s _____

❷ e d i i r o t c n _____

❸ t i u e t l d m u _____

❹ n e c a s r n _____

❺ ⬚a⬚ ⬚s⬚ ⬚g⬚ ⬚e⬚ ⬚p⬚ ⬚a⬚ ⬚y⬚ _____

B. Mettez les mots en ordre pour former une phrase complète.

❶ le – transport – C'est – de – des – moyen – préféré – Français.

_____ _____ _____ _____ _____ _____ _____ _____

❷ vous – à – pour – gare ? – S'il – aller – la – plaît,

_____ _____ _____ _____ _____ _____ _____ _____

❸ à – d'emploi – le – Grâce – simple. – mode – application, – est – une

_____ _____ _____ _____ _____ _____ _____ _____

❹ droit, – bout – C'est – la – au – rue. – de – tout

_____ _____ _____ _____ _____ _____ _____ _____

❺ Je – prendre – train. – voudrais – le

_____ _____ _____ _____ _____ _____ _____ _____

C. Le touriste (T) est perdu. Il demande le chemin à un passant (P). Insérez ce que le passant a dit dans le bon endroit pour former un dialogue logique.

❶ Et ensuite... vous allez passer devant un fleuriste et un hôpital. La place Molière, c'est après l'hôpital.

❷ Oui, alors. Vous allez continuer tout droit jusqu'à la rue de Lille et là, vous prenez à droite.

❸ À pied, un quart d'heure, ça suffit.

❹ Je vous en prie. Bonne journée.

❺ Oh bah, ce n'est pas très loin. Là, vous pouvez prendre le bus, mais je ne connais pas la ligne.

T : Pardon, monsieur, je suis perdu. Je cherche la place Molière.

P : _____

T : Ça ne fait rien. Je peux y aller à pied ?

P : _____

T : Je continue et puis je prends à droite.

P : _____

T : Après l'hôpital, je vois. Il faut combien de temps pour y aller ?

P : _____

T : Merci monsieur, au revoir et bonne journée.

P : _____

2. Remplissez les trous.

A. Locutions prépositionnelles.

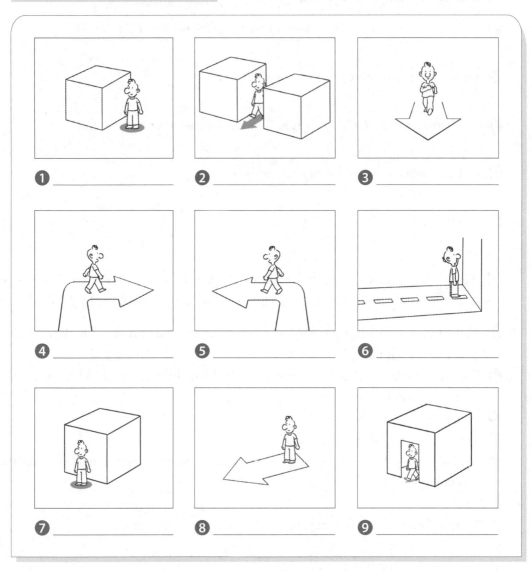

❶ _____

❷ _____

❸ _____

❹ _____

❺ _____

❻ _____

❼ _____

❽ _____

❾ _____

B. Complétez en choisissant la préposition ou la locution prépositionnelle qui convient.

❶ Je t'ai vue _____ (à côté de / au milieu de) une dame étrangère.

❷ Le bureau du professeur se trouve _____ (à l'angle de / au fond de) le couloir, la dernière porte à gauche.

❸ Vous prenez cette rue, puis la première _____ (à droite / en face), et vous arrivez à la Place centrale.

④ Vous continuez _____ (devant / tout droit), au bout de la rue vous trouverez la pharmacie.

⑤ L'arrêt de bus que vous cherchez est _____ (entre / sous) un magasin et un cinéma.

⑥ Un hélicoptère tourne _____ (au-dessus de / au-dessous de) notre tête.

⑦ Il y a un arbre fruitier _____ (avant / devant) la maison.

⑧ J'entends un murmure _____ (dans / à) la foule.

⑨ – Tu conduis au bureau ? – Non, j'y vais _____ (à / en) bus.

⑩ Les anciens empereurs aimaient chasser _____ (à / en) cheval.

3. Chassez l'intrus.

❶	tram	roller	trottinette	piscine
❷	avenue	boulevard	place	rue
❸	Ménilmontant	Bordeaux	Belleville	Châtelet
❹	musée	café	peintre	cinéma
❺	ville	guidon	roue	code QR

4. Ajoutez un préfixe pour former l'antonyme de chaque mot.

❶ verrouiller : _____   ❷ espérer : _____

❸ content : _____   ❹ heureux : _____

❺ possible : _____   ❻ accompli : _____

❼ normal : _____   ❽ imaginable : _____

❾ satisfait : _____   ❿ fumeur : _____

5. Écrivez les formes demandées des mots suivants.

❶ appliquer _____ (n.)   ❷ peintre _____ (v.)

❸ diriger _____ (n.)   ❹ utilisateur _____ (v.)

❺ génie _____ (adj.)   ❻ localiser _____ (n.)

❼ constituer _____ (n.)   ❽ âge _____ (adj.)

❾ adapter _____ (n.)   ❿ polluer _____ (n.)

6. Choisissez et conjuguez bien les verbes, mais il y a deux verbes de plus.

> aimer • construire • être • faire • jouer • mettre • prendre
> ramasser • servir • s'amuser • s'y déshabiller • voir

– C'est la première fois que je _____ ❶ _____ une plage de France. Que de monde !

– À quoi _____ ❷ _____ ces petites maisons de bois ?

– Ce sont des cabines. Les baigneurs _____ ❸ _____ et _____ ❹ _____ leur costume de bain, leur maillot ou leur slip.

– Il y a bien des jolies baigneuses.

– Regardez ces enfants qui _____ ❺ _____ une maison de sable et qui _____ ❻ _____ des pâtés avec leurs pelles et leurs seaux.

– Et ces fillettes qui _____ ❼ _____ des coquillages (贝壳) pour faire des bracelets et des colliers. Les petites filles sont aussi coquettes (爱打扮) que leurs mamans.

– Attention à ces jeunes garçons qui _____ ❽ _____ au ballon. Les plages françaises sont très gaies. Vous _____ ❾ _____ bien ici.

– Je pourrai aussi admirer la mer. J'aime les barques bleues bordées d'écume, je _____ ❿ _____ regarder les barques, les bateaux à voiles qui reviennent de la pêche.

– Vous pourrez même faire de belles promenades sur l'eau.

Compréhension écrite

Lisez le texte et choisissez la bonne réponse.

Découvrez Paris autrement

Bien sûr, il y a le métro, très rapide et très simple à utiliser, ou les bus si vous voulez voir Paris sans vous fatiguer. Avec votre carte orange (hebdomadaire ou mensuelle), vous pouvez faire en métro ou en bus autant de trajets que vous voulez.

Mais la meilleure façon de voir Paris, c'est de se promener à pied ou à bicyclette.

Il y a près de 200 kilomètres de piste cyclable et tous les dimanches, certaines rues sont interdites aux voitures et réservées aux cyclistes.

Vous n'avez pas de vélo ? Vous pouvez en louer un. Ce n'est pas très cher.

À la mairie de votre arrondissement, vous pouvez trouver un plan des pistes cyclables. Mais si vous connaissez mal Paris, un conseil : suivez le guide ! Paris-Vélo pour tous propose des visites guidées de trois heures absolument passionnantes.

Horaires :

– du 1er avril au 31 octobre : lundi, vendredi, samedi, dimanche à 10 h

– du 1er novembre au 31 mars : samedi et dimanche à 10 h.

Départ : 37, boulevard Raspail (Paris 6e)

Trois tarifs : individuel : 30 euros ;

          – de 26 ans : 26 euros ;

          – de 12 ans : 12 euros

Le prix comprend : le vélo, le guide et l'assurance.

1. Ce document s'adresse principalement à _____ .

   A. des Parisiens de plus de 60 ans

   B. des touristes

   C. des jeunes

2. Le document cherche à _____ .

   A. convaincre le lecteur

   B. conseiller quelque chose

   C. vendre quelque chose

3. Qu'est-ce qu'une carte orange ?

   A. C'est une carte d'étudiant.

   B. C'est une carte de séjour.

   C. C'est une carte de transport en commun.

4. Quel est le synonyme du mot « bicyclette » ?

   A. vélo   B. cycliste   C. cyclable

5. Qu'est-ce qui est faux d'après le texte ?

   A. Il vaut mieux se promener à pied ou à bicyclette pour découvrir Paris.

   B. Paris-Vélo propose des visites guidées, il vous faut payer le vélo, le guide et l'assurance.

   C. Les moins de 26 ans doivent payer 30 euros pour louer un vélo.

Thème et version

1. Thème.

埃尔克（Elke）是德国人，她第一次来到法国的斯特拉斯堡，她很喜欢旅游。她现在在蒂耶尔大街（avenue Thiers），她要去旅游局。旅游局会提供有关城市和可能举办的活动的信息。埃尔克不认识路，于是向身边的一位男士询问。

—对不起先生，请问旅游局怎么走？

—您是步行前往还是乘车？

—我步行。

—那有点儿远，还是坐公交吧。您可以乘坐 1 路或 2 路车直到终点站日升广场。您下车后经过维涅圣母院（Notre-Dame de Vigne）一直走到卡诺大道（boulevard Carnot），旅游局就在 25 号的位置，很容易找到。如果您愿意的话，我跟您一起去，我家就住在旅游局旁边，我的名字是纪尧姆。

—谢谢，您真好。

2. Version.

Le vélo électrique connaît actuellement les faveurs des cyclistes, avec des ventes qui ne cessent d'augmenter en France. Déjà en 2016, plus de 130 000 vélos électriques s'étaient écoulés, soit une augmentation de plus de 30 % par rapport à 2015. En 2018, 338 000 vélos électriques ont été vendus. Même si, on le sait, nous sommes loin de nos voisins allemands, les Français ont atteint la quatrième place au classement européen des ventes de vélos à assistance électrique, avec la vente de plus de 3 millions de ces dits « VAE » en circulation, derrière l'Allemagne, les Pays-Bas et la Belgique.

Parcours III

Séquence

7

L'herbe est toujours plus verte dans le jardin du voisin.

Grammaire et conjugaison

1. Conjuguez les verbes suivants.

A. Mettez les verbes au présent.

suffire

1. À chaque jour _____ sa peine.
2. Deux semaines nous _____ pour accomplir cette tâche.
3. Je paie pour moi et ça _____.
4. Je n'y _____ plus.

sourire

1. La chance lui _____.
2. Les deux femmes se regardent et _____.
3. Je la regarde, puis _____.
4. Nous _____ de nos meilleurs sourires.

B. Mettez les verbes au futur simple.

venir

1. Je _____ ce soir.
2. Demain vous _____ chez moi.
3. Mon fils me _____ à l'épaule.
4. Les pommiers ne _____ pas dans cette région.

se passer

1. On _____ de télé.
2. Je _____ de manger.
3. Nous _____ de vos services.
4. Vous _____ de lui.

C. Mettez les verbes au conditionnel présent.

vouloir

❶ Je _____ vous poser une question.

❷ L'enfant _____ un jouet.

❸ Que _____-tu ?

❹ Ils _____ du vin rouge.

D. Mettez les verbes au passé composé.

conduire

❶ Vous _____ votre fille à l'école ce matin.

❷ Je _____ les invités jusqu'à la porte.

❸ Tu _____ ta nouvelle auto.

❹ Le général _____ ses troupes de victoire en victoire.

2. Répondez aux questions d'après l'exemple.

A. Répondez avec « en ».

Exemple : *Tu veux du thé ? → Oui, j'en veux.*
Non, je n'en veux pas.

❶ Tu prends de l'apéro ? → _____

❷ Tu es satisfait de ton travail ? → _____

❸ Tu as parlé de tes vacances à tes collègues ? → _____

❹ Avez-vous deux professeurs français ? → _____

❺ Est-ce qu'ils viennent de France ? → _____

❻ Avez-vous trois heures de français chaque jour ? → _____

❼ Est-ce que vous venez de parler de ce film ? → _____

❽ Tu joues du piano ? → _____

❾ Est-ce que votre mari s'occupe du bricolage à la maison ? →

_____

❿ Tu te passes de voiture ? → _____

B. Répondez avec « y ».

Exemple : *Ils vont à la gare ?* → *Oui, ils y vont.*
Non, ils n'y vont pas.

❶ Penses-tu à faire tes devoirs ? → _____

❷ Joue-t-il au football ? → _____ _____

❸ Restes-vous dans la chambre ? → _____

❹ Avez-vous réfléchi à cette affaire ? → _____

❺ T'intéresses-tu à la langue française ? → _____

❻ Est-elle habituée au climat de Paris ? → _____

❼ Est-il arrivé à la bibliothèque ? → _____

❽ As-tu trouvé ton stylo dans le tiroir ? → _____

❾ A-t-il touché à un volant ? → _____

❿ Avez-vous répondu à la question ? → _____

C. Répondez avec le comparatif des adjectifs.

Exemple : *Est-il intelligent ? (+, son frère)* →
Oui, il est plus intelligent que son frère.

❶ La ville de Beijing est-elle grande ? (+, la ville de Tianjin) →

_____

❷ Le fleuve Jaune est-il long ? (–, le fleuve Chang Jiang) →

_____

❸ À la campagne, l'air est-il frais ? (+, dans la ville) →

_____

❹ Est-ce que cette idée est bonne ? (=, mon idée) →

_____

❺ Est-ce que cette montre est belle ? (–, ta montre) →

_____

❻ Sont-ils heureux ? (=, nous) →

_____

❼ Ta chambre est-elle petite ? (+, la chambre de ma sœur) →

_____

8 Est-ce que ce problème est petit ? (+, le précédent) →

9 Est-ce que ce restaurant est bon ? (+, celui près de chez moi) →

10 Le temps est-il mauvais ? (+, hier) →

D. Répondez avec le comparatif des adverbes.

Exemple : *Il court vite ? (+, moi) → Oui, il court plus vite que moi.*

1 Elle parle bien le français ? (+, lui) →

2 Voit-il son professeur fréquemment ? (=, ses camarades) →

3 J'aime bien cette ville, et toi ? (+) →

4 Ton grand-père marche-t-il lentement ? (–, ma grand-mère) →

5 J'ai fait beaucoup de fautes dans la dictée, et lui ? (–) →

6 Je me lève tôt le matin, et vous ? (=) →

7 J'ai de la patience, et toi ? (=) →

8 Écrit-il mal le nom ? (+, moi) →

9 As-tu beaucoup de bandes dessinées? (+, toi) →

10 Vas-tu souvent au cinéma ? (–, mon ami) →

3. Remplissez les trous.

A. Remplissez les trous par une préposition.

1 Il conduit et téléphone _____ même temps.

❷ Ce n'est pas loin, dix minutes _____ pied.

❸ Qu'est-ce que vous aimez _____ viande ?

❹ – Tu es peintre ? – Non, je fais cela _____ le plaisir.

❺ Je ne sais pas si cela fait plaisir _____ ta femme.

❻ Ne lui dis pas tout, il se met toujours _____ colère.

❼ _____ toute logique, cette discrimination n'a aucune justification.

❽ Il parlera _____ ce problème _____ un moment.

❾ Les conductrices sont plus prudentes _____ la route.

❿ Il faut choisir _____ ses besoins différents.

B. Choisissez un mot pour remplir les trous.

❶ Il parle _____ fort que son voisin. (si / aussi)

❷ La Chine est beaucoup _____ grande que la France. (plus / moins)

❸ En général, les femmes conduisent _____ vite que les hommes. (plus / moins)

❹ Mon petit frère mange _____ que moi. (aussi / autant)

❺ Il n'est _____ eau que l'eau qui dort. (mauvaise / pire)

❻ C'est _____ que jamais. (mal / pis)

❼ Il est _____ en photo qu'au naturel. (bon / mieux)

❽ Son précédent film était _____. (meilleur / mieux)

❾ Cette voiture roule avec une vitesse _____. (plus / moindre)

❿ En été, il fait _____ chaud à Chongqing qu'à Changchun. (plus / moins)

4. Corrigez les fautes s'il y a lieu.

❶ Julie est plus calme et réfléchie que Sophie.

❷ Cette maison est bon marché que celle-là.

❸ J'aime aussi ce roman que vous.

❹ Je vais beaucoup plus bien aujourd'hui.

❺ Au plus petit bruit, il s'éveille.

❻ – S'occupe-t-il de ses enfants ? – Oui, il s'en occupe.

❼ Ces manuels, nous y avons besoin.

❽ On ne parle pas de vous, mais de lui.

❾ – Tu vas chez Cécile ce soir ? – Oui, j'en vais.

❿ – Penses-tu à tes parents ? – Oui, j'y pense beaucoup.

5. Transformez le texte au passé.

La fête du village

La veille de leur retour à Paris, les Henri *assistent* à la fête du village. Dès sept heures du matin, les pompiers *viennent* réveiller M. le maire avec les tambours et les clairons ; puis, sur la place de l'église, ils *font* l'exercice avec les pompes à incendie.

Pendant ce temps, M. Legrand *donne* le départ de la grande course de bicyclette : les cyclistes *doivent* faire 30 km.

Puis M. le curé *chante* la grand-messe.

L'après-midi, il y *a* un concours de boules sur la place de la Mairie, et il y *a* encore d'autres jeux : de jeunes gens *font* une course en sac, et d'autres jeunes gens *montent* au mât de cocagne (夺彩杆) pour décrocher des jambons, des bouteilles de vin et des saucisses. Des vieux *font* des boules, et des enfants *tournent* sur les chevaux de bois ou *montent* dans les balançoires.

Le soir, M. Legrand *donne* un beau feu d'artifice : tous les gens du village *entendent* les bombes, *voient* les fusées rouges et bleues et *crient* oh ! Et ah ! Tout le village *se trouve* dans une allégresse.

Vocabulaire et expressions

1. Mettez en ordre.

A. Mettez les lettres en ordre pour former un mot.

❶ t a r c r c a è e _____

❷ a s u s p i c n e _____

❸ a p a i t r e g _____

❹ n u u i b q o _____

❺ m n t e e e t l n _____

B. Mettez les mots en ordre pour former une phrase complète.

❶ plutôt – Anglais – mais – mal, – Les – prudemment. – conduisent

_____

2 a – raisons – s'inquiéter. – de – On – de – bonnes

_____

3 livres – sont – moins – numériques – en – Les – moins – de – chers.

_____

4 la – petite, – voiture – plus – aller – conducteur – Plus – est – son – vite. – veut

_____

5 prend – de – téléchargement – temps – Le – moins – achat – librairie. – en – qu'un

_____

2. Classez par groupes.

A. Adjectifs ou adverbes ?

1 fréquent   **2** joliment   **3** prudemment   **4** inquiétant
5 souvent   **6** compliqué   **7** complètement   **8** fou
9 follement   **10** terrible

Adjectifs	
Adverbes	

B. Adjectifs ou verbes ?

1 léger   **2** recyclé   **3** méfier   **4** télécharger   **5** logé
6 prouver   **7** menacer   **8** étranger   **9** fermé   **10** âgé

Adjectifs	
Verbes	

C. Pour ou contre le livre numérique ?

1 plus pratique   **2** moins beau   **3** moins cher   **4** droit d'auteur
5 lire n'importe où   **6** technologie   **7** moins agréable   **8** plus léger
9 plus écologique   **10** trop compliqué

Pour	
Contre	

3. Donnez, à chaque verbe suivant, 5 compléments d'objet possibles mais de structure différente.

Si vous écrivez « prendre du riz », n'écrivez plus « prendre du pain », car c'est la même structure, puisque les deux « prendre » sont tous dans le sens de « manger ».

prendre	
faire	
jouer	
avoir	

4. Chassez l'intrus.

❶	volant	coffre	pneu	piéton
❷	code de la route	code barre	code civil	code de commerce
❸	conducteur	chauffeur	automobiliste	chasseur
❹	volant	roue	portable	ceinture de sécurité
❺	Vélib'	Mobike	Hellobike	bicyclette

5. Trouvez au moins trois mots avec des préfixes suivants.

❶ télé : _____
❷ techno : _____
❸ électro : _____
❹ re : _____
❺ biblio : _____

6. Complétez les phrases suivantes avec les expressions données.

❶ L'examen aura lieu dans une semaine, (être convaincu que)
❷ Il fait chaud, je veux goûter de la glace. (plus... plus...)
❸ Nous n'avons pas pu aller à la Grande Muraille, (à cause de)
❹ Je préfère les livres numériques, parce que... (de moins en moins)
❺ M. Henri est allé acheter un billet de train Paris-Lyon, (par malheur)

Compréhension écrite

Lisez et choisissez la bonne réponse pour remplir le texte.

Conduire en Chine

La Chine ne (1) _____ pas le permis de conduire international et ne permet pas aux étrangers de conduire en Chine (2) _____ permis chinois.

Les voitures de location sont disponibles le plus souvent avec un chauffeur, (3) _____ est probablement une excellente solution pour un voyage. Conduire soi-même à travers la Chine, même en ayant un permis local, n'est pas recommandé à moins d'être habitué (4) _____ conditions extrêmement chaotiques de conduite : lignes jaunes coupées, tête-à-queue, oubli du clignotant, freinages intempestifs, etc. De plus, les places de stationnement sont souvent très (5) _____ à trouver.

On roule à droite dans la partie continentale de la Chine et à gauche à Hong Kong (Chine) et Macao (Chine).

Contrairement à la France, les panneaux d'autoroute sont verts et (6) _____ sont bleus.

Les panneaux anglais directionnels sont omniprésents à Beijing, Shanghai et d'autres grandes villes qui accueillent de nombreux touristes (7) _____. Cependant, ils sont bien (8) _____ présents dans d'autres villes et pratiquement inexistants à la campagne. La meilleure solution est d'avoir sa destination écrite en chinois avant le départ afin que les habitants puissent vous aider à vous orienter dans la bonne direction. Des applications GPS pour Smartphones, dont certaines sont gratuites, fonctionnent (9) _____ bien dans les villes chinoises de premier et second rang.

En tant que piéton, il faut toujours regarder des deux côtés à chaque fois que l'on traverse une rue (10) _____ vélos et scooters peuvent arriver à contre-sens. Ceci est d'autant plus important que les scooters électroniques, très populaires, sont particulièrement silencieux.

1 A. connaît   B. reconnaît   C. oublie   D. sait

2 A. avec   B. à   C. sans   D. selon

3 A. qui   B. ce qui   C. que   D. ce que

4 A. des   B. de   C. aux   D. à

5 A. difficiles   B. faciles   C. pratiques   D. simples

6 A. d'autres   B. des autres   C. les autres   D. autre

7 A. asiatiques   B. japonais   C. français   D. occidentaux

8 A. plus B. moins C. mieux D. moindre

9 A. plutôt B. plus tôt C. plus tard D. plusieurs

10 A. comme B. donc C. car D. ainsi

Thème et version

1. Thème.

> 法语是不是比其他语言难得多？
>
> 只要浏览几个外语网站，如俄语、中文、日语等，就会发现没有一门语言是容易的。
>
> 很多人认为英语很容易。
>
> 错了！如果英语如此简单，那么大家都说得很流利了；又有多少学习者能够理解并轻松地参与英语对话？
>
> 至于中文，很多人认为它比英语或法语要难得多，我们要适应汉字就已经很困难了。它们简直是图画！

2. Version.

> La lecture est d'une importance capitale dans tous les domaines de la vie. En effet grâce à la grande quantité de connaissances qu'elle procure, la lecture permet d'améliorer les performances du point de vue professionnel, familial ou social. Par ailleurs, importante pour tous, la lecture l'est encore plus pour les enfants ; ceux-ci doivent en effet prendre l'habitude de lire afin d'avoir un bon vocabulaire et de bonnes règles d'éthique.

Parlez-vous français ?

Grammaire et conjugaison

1. Conjuguez les verbes suivants.

A. Mettez les verbes au présent.

se croire

1. Je _____ fort en maths.
2. Il _____ habile.
3. Nous _____ intelligents.
4. Ils _____ quelque chose.

élire

1. Notre association _____ un nouveau président.
2. Les habitants _____ leur représentant.
3. Nous _____ les députés.
4. Je _____ Mingming chef de classe.

B. Mettez les verbes au passé composé.

se répandre

1. L'eau _____ partout.
2. Mes cris _____ comme l'eau.
3. Il _____ une odeur délicieuse.
4. De grandes entreprises _____ dans les villes principales.

se rassembler

1. Les manifestants _____ dans le centre ville.
2. Nous _____ devant l'entrée de l'université.
3. Vous _____ autour de votre professeur.
4. La famille _____ autour de la table.

C. Mettez les verbes à l'imparfait.

se réunir

❶ L'assemblée _____ début octobre.

❷ Nous _____ deux fois par mois.

❸ Vous _____ pour élaborer un plan.

❹ Ils _____ ensemble.

D. Mettez les verbes au futur simple.

s'accrocher

❶ Une maison _____ au flanc de la colline.

❷ Je _____ à la rampe.

❸ Tu _____, ne laisse pas prise.

❹ Ils _____ fermement à leurs droits nationaux.

2. Transformez les phrases comme dans l'exemple.

A. Mettez au superlatif l'adjectif.

Exemple : *Il est grand.* → *Il est le plus grand de toute la classe.*

❶ Elle est jolie. → _____

❷ Le Vatican est un petit pays. → _____

❸ Le fleuve Chang Jiang est long. → _____

❹ L'Himalaya est une haute montagne. → _____

❺ Ce restaurant est bon. → _____

❻ Les notes de la classe A sont bonnes. → _____

❼ Ce sont des élèves paresseux. → _____

❽ Quasimodo se croit laid. → _____

❾ Le printemps est une belle saison. → _____

❿ Le climat ici est mauvais. → _____

B. Mettez au superlatif l'adverbe.

Exemple : *Il court vite.* → *Il court le plus vite de toute la classe.*

❶ Elle chante bien. → _____

❷ Ils marchent lentement. → _____

❸ Je lis beaucoup. → _____

❹ Olivia se lève tôt. → _____

❺ Nous avons peu de temps libre. → _____

❻ Il parle couramment le français. → _____

❼ Lily danse mal. → _____

❽ Je vais souvent au cinéma. → _____

❾ Les Legros prennent beaucoup de vacances. → _____

❿ Elles aiment bien visiter le musée du Louvre. → _____

3. Répondez aux questions.

A. Répondez en remplaçant la partie soulignée par un pronom qui convient.

❶ Penses-tu qu'il viendra ce soir ?

Oui, _____

❷ Est-ce que tu as entendu dire qu'il y aurait une grève ?

Oui, _____

❸ Est-ce qu'ils sont journalistes ?

Oui, _____

❹ Es-tu satisfait de ton résultat dans l'examen ?

Non, _____

❺ Êtes-vous contents maintenant ?

Non, _____

❻ Est-ce que tu t'occupes de ton petit frère à la maison ?

Oui, _____

❼ Il est malade, tu sais ?

Oui, _____

❽ Vous êtes la malade, madame ?

Oui, _____

❾ La direction vous demande de travailler ?

Oui, _____

❿ Vas-tu lui dire qu'il a tort ?

Non, _____

B. Répondez avec le comparatif ou le superlatif.

1 Est-ce que ce plat est bon ?

2 J'aime bien cette ville, et toi ?

3 Comment trouves-tu Catherine ?

4 Est-ce que la Chine est grande ?

5 Qui est le plus gentil de la classe ?

6 Est-ce que tu aimes ce monument ?

7 Veux-tu connaître mon amie Christine ?

8 Est-ce que la ville de Paris t'intéresse ?

9 Est-ce que le fleuve Jaune est très long ?

10 Est-ce qu'il fait très chaud en été à Nanjing ?

C. Corrigez les fautes.

1 Ce petit garçon mange aussi que son frère aîné.

2 Vous travaillez plus beaucoup que vos camarades de classe.

3 Il a moins patience que moi.

4 Moins on dort, moins on est fatigué.

5 J'ai deux nouveaux stylos, il en a quatre, il a beaucoup de stylos que moi.

6 Il y a tant de bruit dedans que dehors.

7 Il y a plus de filles que garçons dans cette classe.

8 Ma sœur cadette a une tête moins que moi.

4. Remplissez les trous.

1 Le TGV roule _____ plus vite que le train normal.

2 Pierre aime cette veste _____ que celle-là.

3 Il est _____ plus fort _____ les garçons.

4 Pierre nous a donné deux livres, _____ est à toi, _____ est à moi.

5 Ces deux garçons ont le _____ âge, mais _____ est _____ grand que _____ .

6 J'ai acheté un carnet _____ tickets, parce que je prends toujours _____ métro. _____ veux-tu quelques-uns ?

7 Vous devriez pratiquer cette langue le _____ souvent _____ .

8 Le métro roule _____ vite que l'autobus.

⑨ Je veux bien prendre cette chambre, parce qu'elle est _____ éclairée que _____ qui se trouve au fond du couloir.

⑩ Bien sûr, l'autobus est _____ confortable _____ le métro.

⑪ Notre université est parmi _____ plus grandes universités de Chine.

⑫ Ces livres sont _____ intéressants que _____ .

⑬ Peux-tu me dire la vérité ? Ta voiture roule _____ plus vite ?

⑭ Je peux encore retenir _____ que nous avons appris _____ première année. Mais j'oublie souvent _____ que nous avons appris l'année dernière.

⑮ La Loire est plus _____ que la Seine : c'est d'ailleurs le plus _____ fleuve de la France.

5. Dites si le pronom *le* signifie COD, Article défini ou Pronom neutre.

❶ Le garçon qui porte une veste bleue s'appelle Jean.   _____

❷ C'est mon stylo. Donne-le-moi.   _____

❸ Partons, il le faut.   _____

❹ Regarde-le, c'est notre nouveau professeur.   _____

❺ J'étais fatiguée tout à l'heure, maintenant je ne le suis plus.   _____

❻ Il faut peser le pour et le contre.   _____

❼ Il est le plus petit de sa classe.   _____

❽ Ce monsieur en noir, je le connais.   _____

❾ Ce que tu m'as dit, je le sais bien.   _____

❿ J'aime le vieux Paris.   _____

6. Lisez et entourez.

❶ Le lapin se déplace plus vite / moins vite que la tortue.

❷ Yao est un des plus / moins grands basketteurs du monde.

❸ Mon grand-père est plus âgé / jeune que moi.

❹ La baleine bleue est le plus / moins grand mammifère au monde.

❺ Je vais mieux / le mieux qu'hier.

❻ En été, il fait plus chaud / frais à Chongqing qu'à Harbin.

❼ De tous ses camardes, elle dessine le mieux / la mieux.

❽ Catherine et Lucie, ce sont mes meilleurs / meilleures amies.

❾ Parmi tous les élèves, il a fait beaucoup / le plus de fautes dans la dictée.

❿ Bien qu'il travaille beaucoup, il gagne le plus / le moins.

7. Mettez les verbes aux temps qui conviennent.

Mon enfance

Je (naître) _____ dans un port de moyenne importance qui (être) _____ au bord de l'Océan atlantique. À dix kilomètres de la mer, (se trouver) _____ mon lycée. J'y (faire) _____ mes études pendant 3 ans et je (le quitter) _____ il y a déjà 6 ans.

Ce (être) _____ une école avec charme. L'entrée de l'école (se donner) _____ sur la mer, on (voir) _____ la mer chaque jour. Quand les parents (rentrer) _____ de la mer avec beaucoup de poissons, nous (aller) _____ les voir, et nous les (aider) _____ à porter des poissons. Ils (être) _____ lourds.

Un jour, après la classe, nous (sortir) _____ de l'école, et nous (aller) _____ à la mer pour attendre nos parents. Tout d'un coup, il (commencer) _____ à faire du vent, le vent (être) _____ si fort, nous (ne pas pouvoir) _____ marcher. Nous (avoir) _____ peur, parce que nos parents (ne pas encore rentrer) _____. Nous les (attendre) _____ avec impatience.

Le vent (souffler) _____ de plus en plus fort, on (voir) _____ les vagues qui (être) _____ aussi très fortes. Tout un coup, on (voir) _____ quelques points noirs. Quand ils (s'approcher) _____ on (distinguer) _____ les bateaux : Ce (être) _____ mon père, ce (être) _____ le père de Pierre... Enfin, ils (rentrer) _____. Tout le monde (acclamer 喝彩) _____, ils (descendre) _____ des bateaux comme héros.

Vocabulaire et expressions

1. Mettez en ordre.

A. Mettez les lettres en ordre pour former un mot.

❶ s s s é e c r h e e _____

❷ f d i u i f n s o _____

❸ t n e o c i t n n _____

❹ t e a d u n f r o _____

5 i u n v q a r u e _____

B. Mettez les mots en ordre pour former une phrase complète.

1 est – premier – du – Senghor – élu – président – Sénégal.

_____

2 celle – est – à – Son – supérieure – autres. – des – intelligence

_____

3 association – sous – de – Cette – est – trois – africains. – née – l'initiative – pays

_____

4 ouverture – crée – d' – Parler – possibilités. – plus – de – français – et

_____

5 échanges – facilite – et – Cela – les – on – cultures. – découvrir – d'autres – peut

_____

C. Mettez en ordre les phrases pour former un dialogue logique.

1 Non, seulement six mois. En mars je repars en Algérie.

2 Tu viens d'où ?

3 Et tes colocataires, ils repartent aussi ?

4 Salut ! Tu déjeunes tous les jours au resto-U ?

5 Je viens d'Algérie, d'Alger.

6 Je crois que le Canadien repart et le Portugais reste. Pourquoi ?

7 Il faut voir, c'est possible.

8 Pas tous les jours, mais souvent.

9 Je cherche un logement pour deux copains.

10 Moi, je viens du Sénégal. C'est formidable ici, les étudiants viennent des quatre coins du monde ! Tu restes toute l'année universitaire ?

2. Reliez les deux éléments.

A. Associez les abréviations et les logos.

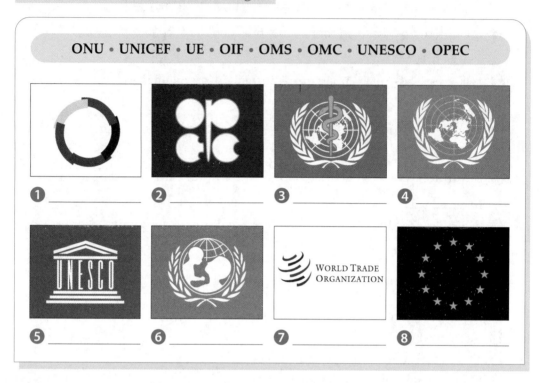

ONU · UNICEF · UE · OIF · OMS · OMC · UNESCO · OPEC

❶ _____

❷ _____

❸ _____

❹ _____

❺ _____

❻ _____

❼ _____

❽ _____

B. Reliez les mots avec leur synonyme et leur antonyme.

certain	autorisé	bête
libre	distinct	occupé
intelligent	sûr	même
officiel	brillant	indifférent
différent	surpris	informel
étonné	disponible	douteux

3. Classez par groupes.

A. Francophone ou non francophone ?

1 le Québec **2** la Belgique **3** l'Espagne **4** le Mali **5** la Corée du Sud
6 le Sénégal **7** la Tunisie **8** les Pays-Bas **9** Haïti **10** le Vietnam

Francophone	
Non francophone	

B. Animaux ou plantes ?

1 le lièvre **2** le bois **3** la brousse **4** l'hyène **5** la biche
6 la branche **7** le chacal **8** le singe **9** le pommier **10** la tulipe

Animaux	
Plantes	

C. Pour ou contre ?

1 D'accord. **2** Vous vous trompez. **3** C'est au contraire. **4** Tout à fait.
5 Tu as raison. **6** Bien sûr que non. **7** Je ne pense pas. **8** Exactement.
9 C'est faux. **10** Je partage votre point de vue.

Pour	
Contre	

4. Écrivez la forme nominale des mots suivants.

1 francophone : _____ **2** élire : _____

3 décoloniser : _____ **4** faciliter : _____

5 prouver : _____ **6** reconnaître : _____

7 proclamer : _____ **8** présider : _____

9 sécher : _____ **10** diffuser : _____

5. Choisissez et conjuguez bien les verbes si c'est nécessaire, mais il y a un verbe de plus.

> découvrir · savoir · se baisser · lever · regarder · appeler
> sembler · dire · entendre · monter · s'ouvrir · voir

Leuk-le-lièvre va ____**1**____ s'il est vraiment le plus intelligent des animaux. Il veut ____**2**____ de nouveau la brousse, la ____**3**____ maintenant avec les yeux de quelqu'un qui ____**4**____ beaucoup de choses.

Il s'en va donc à travers bois, à travers champs. Et il voit que les buissons ____**5**____ devant lui ; les feuilles des arbres lui ____**6**____ bonjour en murmurant ; les roseaux et les herbes hautes ____**7**____ à son passage.

Au pied d'un grand arbre qu'on ____**8**____ caïlcédrat, il ____**9**____ les yeux. Et que voit-il ? Un écureuil à la queue empanachée, qui ____**10**____ se moquer de lui. Leuk veut avoir une queue pareille et savoir ____**11**____ aussi haut dans les airs.

Compréhension écrite

Lisez le texte et cochez s'il est vrai (V) ou faux (F), puis ajoutez un titre.

Fête de la Francophonie : la date du 20 mars célèbre la Journée internationale de la Francophonie. Les 300 millions de francophones sur les 5 continents fêtent leur langue en partage et la diversité de la Francophonie, à travers des concours de mots, des spectacles, des rencontres littéraires, des rendez-vous gastronomiques, des expositions artistiques... La République des Seychelles, membre à part entière de la Francophonie depuis juin 1976 et possédant 3 langues officielles : le créole seychellois (seselwa), l'anglais et le français, est également à la fête !

Pourtant, « Conformément à la décision du Président de la République en vue de mesures conservatoires à l'égard de COVID-19, les événements prévus pour la semaine de la Francophonie (17-22 mars) ont été reportés plus tard dans l'année ». Sont donc annulées les activités prévues à l'Alliance française pour la semaine prochaine : vernissage et exposition de Marie Meulien, journée portes ouvertes : bazar de la francophonie et conférence de Johan Mendez.

① Il y a moins de 300 millions de francophones dans le monde entier. (   )

② Pendant la fête de la francophonie, beaucoup d'activités sont organisées. (   )

③ Aux Seychelles, on parle trois langues officielles, y compris le français. (   )

④ En 2020, la semaine de la Francophonie aura lieu comme prévu. (   )

⑤ Chaque année, on fête la journée de la Francophonie en avril. (   )

Thème et version

1. Thème.

> 列奥波尔德 · 赛达 · 桑戈尔
>
> 列奥波尔德 · 赛达 · 桑戈尔于 1906 年 10 月 9 日出生于塞内加尔，2001 年 12 月 20 日逝世于法国。他是塞内加尔的一位诗人、作家、政治家以及塞内加尔共和国史上的第一位总统（1960–1980）。他也是第一位入席法兰西学院的非洲人，曾被认为是"撒哈拉以南非洲最博学的国家元首"。身为诗人与政治家，桑戈尔是一个非凡的人，他对法国文化做出了很大贡献。事实上，他是法国和塞内加尔之间友谊的象征。

2. Version.

> Selon *Le Monde*, jusqu'en octobre 2018, le français reste la 5ème langue la plus utilisée dans le monde, derrière le mandarin, l'anglais, l'espagnol et l'arabe. Les cinq premiers pays francophones, en raison de leur démographie, sont aujourd'hui la République démocratique du Congo, la France, l'Algérie, le Maroc et la Côte d'Ivoire. Le saviez-vous ? Le français est la 2ème langue la plus utilisée dans la diplomatie.

9

Cent mille pourquoi

Grammaire et conjugaison

1. Conjuguez les verbes suivants.

A. Mettez les verbes au passé composé.

parvenir

❶ Une nouvelle encourageante nous _____.

❷ Est-ce qu'ils _____ au haut de la montagne ?

❸ Est-ce que mes lettres vous _____ ?

❹ Nous _____ à le convaincre.

s'écrier

❶ Elle _____ que c'était incroyable.

❷ Il _____ : « Comme c'est bruyant, cette machine ! »

❸ Nous _____ : « Vive les vacances ! »

❹ Les enfants _____ qu'ils voulaient encore du chocolat.

B. Mettez les verbes au conditionnel présent.

vouloir

❶ Je _____ parler à M. le directeur, s'il vous plaît.

❷ Il _____ savoir ce qui s'est passé.

❸ Nous _____ nous marier l'année prochaine.

❹ S'ils avaient le temps ce soir, ils _____ dîner dans un bon restaurant.

exister

❶ Il _____ une trentaine de civilisations extraterrestres capables de communiquer avec la Terre.

❷ Si tu n'existais pas, dis-moi comment je _____ .

❸ Cette ancienne coutume _____ pour longtemps dans ce petit village.

❹ Si on ne prenait pas de mesures efficaces, la pollution _____ partout.

2. Reliez les phrases par « qui », « que » ou « où »

Exemple : *Ce garçon est mon neveu. Il s'assied par terre.* →
Le garçon qui s'assied par terre est mon neveu.

❶ La machine à laver ne marche plus. Je la fais réparer.

_____ .

❷ Près de chez moi, il y a un centre commercial. Je fais souvent du shopping dans ce centre commercial.

_____ .

❸ *Blanche-Neige* est un conte. Tous les enfants connaissent ce conte.

_____ .

❹ M. Richaud est le patron d'un café. Ce café se trouve au coin de la rue.

_____ .

❺ Nous irons à Lyon. Nous ne sommes jamais allés à Lyon.

_____ .

❻ Dans ce village, il y a beaucoup de vignes. Il vient de ce village.

_____ .

❼ Bordeaux est une grande ville. Je ne connais pas très bien cette ville.

_____ .

❽ Ils étaient en voyage en France un jour. Il y a eu une grève générale ce jour-là.

_____ .

❾ Je t'ai donné quelques disques il y a trois jours. Comment trouves-tu ces disques ?

_____ .

❿ Jean Vilar est un célèbre metteur en scène. Il a créé le Festival d'Avignon en 1947.

_____ .

3. Remplissez les trous.

A. Complétez avec une préposition appropriée.

❶ _____ quoi parlent tes collègues ?

❷ La Chine se situe _____ Asie de l'Est.

❸ Tu m'énerves _____ toutes tes questions. Laisse-moi tranquille, s'il te plaît.

❹ Les deux parties sont parvenues _____ un accord.

❺ Il fait souvent des bêtises. Ses camarades de classe le traitent _____ imbécile.

❻ Il a fait construire une maison _____ briques à la campagne.

❼ Le détroit Gibraltard sépare l'Espagne _____ le continent africain.

❽ Le commissaire de police l'a questionné _____ ses relations.

❾ La France est bordée _____ l'océan Atlantique à l'ouest.

❿ Il a toujours une raison d'en vouloir _____ quelqu'un.

B. Mettez un pronom interrogatif composé.

❶ Il y a plusieurs routes. _____ doit-on prendre ?

❷ _____ d'entre vous désire faire une promenade avec moi ?

❸ Avec _____ de ces filles vas-tu faire un voyage ?

❹ Il y a trois candidats. Pour _____ vas-tu voter ?

❺ Pardon, monsieur, la rue Voltaire, c'est _____ ? Celle-ci ou celle-là ?

❻ Regarde ces deux tableaux. À _____ t'intéresses-tu ?

❼ Il y a plusieurs valises ici. _____ sont à toi ?

❽ Cet écrivain a publié deux romans cette année. De _____ parlez-vous ?

❾ _____ de ces magazines se vendent bien ?

❿ De tous tes copains d'université, de _____ est-ce que tu te souviens le mieux ?

C. Mettez les verbes entre parenthèses au mode et au temps appropriés.

Texte 1

Je (se rappeler) _____ toujours les anecdotes de grands auteurs que mon grand-père me (raconter) _____ dans mon enfance. En voici une :

Une nuit, un voleur (entrer) _____ dans la maison de Balzac qui (avoir) _____ l'habitude de se coucher très tard et de ne pas fermer la porte.

Cette nuit-là, Balzac (être) _____ déjà au lit et (sembler) _____ dormir profondément. Le voleur (chercher) _____ à ouvrir le bureau. Mais tout à coup, il (interrompre) _____ par un gros rire. Il (avoir) _____ peur et (se retourner) _____ pour voir ce qui (se passer) _____ . Il (voir) _____ Balzac qui (rire) _____ de tout son cœur. Très effrayé, le voleur (ne pas pouvoir) _____ s'empêcher de lui demander :

– Pourquoi (rire) _____ -vous ?

– Je (rire) _____ , lui (répondre) _____ l'auteur, parce que vous (venir) _____ la nuit, sans lumière, (chercher) _____ de l'argent dans un bureau où, moi, je (ne jamais pouvoir) _____ en trouver en plein jour.

Texte 2

Beaucoup d'animaux (entendre parler) _____ de la mer. Mais bien peu le (voir) _____.

Leuk, après (découvrir) _____ la forêt, se propose de faire un long voyage pour connaître aussi le royaume des eaux.

Il pense qu'au retour de ce voyage, il (pouvoir) _____ réunir tous les animaux pour raconter ce qu'il (voir) _____ et (avoir) _____ plus de considération de leur part.

Mais il (ignorer) _____ la route à suivre pour arriver à la mer sans (s'égarer) _____. Il va donc (demander) _____ conseil à Sœur M'Bélar-l'hirondelle, qui (parcourir) _____ la terre entière, en tous sens.

Extrait de *La Belle histoire de Leuk-le-Lièvre*, Léopold Sédar Senghor

4. Choisissez la bonne réponse.

1 _____ des robes vous plaît le plus ?

A. Quelle   B. Laquelle   C. À laquelle   D. Auxquelles

2 _____ est caché dans ta poche ?

A. Qui est-ce qui   B. Qui est-ce que   C. Qu'est-ce qui   D. Qu'est-ce que

3 Je connais un endroit _____ tous les touristes trouvent magnifique.

A. qui   B. que   C. où   D. comme

4 Comme ces sacs à main coûtent _____.

A. cher   B. chère   C. chers   D. chères

5 J'ai perdu mon stylo. Prête-_____ un, s'il te plaît !

A. le-moi   B. en-moi   C. moi-l'   D. m'en

6 Tu dois remettre la clé _____ tu l'as prise.

A. là que   B. d'où   C. là où   D. que

7 Ma copine m'a offert pas mal de chocolats belges, _____.

A. mange-en   B. manges-en   C. mange-les   D. manges-les

8 Il n'y a que cinquante-trois cartes ici, où est _____ manque ?

A. celui qui   B. celui que   C. celle qui   D. celle que

9 Tu connais les œuvres littéraires de Balzac ?

Oui, je les ai _____.

A. lus tous   B. tous lus   C. lues toutes   D. toutes lues

10 _____ vous fait rire comme ça ?

A. Quoi   B. Qui est-ce que   C. Qu'est-ce qui   D. Qu'est-ce que

5. Corrigez les fautes s'il y a lieu.

1 Qui sont dans la salle de classe ?

2 Quel film vous intéressez le plus ?

3 Que les Français boivent-ils au petit-déjeuner ?

4 Quel siècle date ce temple ?

5 Laquelle valise achètes-tu ? Celle-ci ou celle-là ?

6. Posez des questions sur les parties soulignées.

1 Il est <u>ingénieur</u>.

2 <u>La tempête</u> nous empêche de partir.

3 Sandrine s'intéresse surtout à <u>la littérature espagnole</u>.

4 De ces deux sacs, je préfère <u>celui-ci</u>.

5 Les pêchers fleurissent <u>au printemps</u>.

6 Les Legrand ont passé leurs vacances <u>dans les Pyrénées</u>.

7 Cette étudiante vient de <u>la province du Jiangsu</u>.

8 Cécile va jouer au tennis avec <u>sa cousine</u>.

9 Je vais inviter <u>tous mes copains de classe</u> à la fête ce soir.

10 Nicolas veut acheter <u>deux</u> croissants.

Vocabulaire et expressions

1. Mettez en ordre.

A. Mettez les lettres en ordre pour former un mot.

1 n u t d i e g n l _____

2 r n u g m é a i _____

3 t o a ï e s d é r _____

4 o r è f e r i t n _____

5 u n c o c i v n a _____

B. Mettez les mots en ordre pour former une phrase complète.

❶ La – Europe – métropolitaine – occidentale. – situe – en – se – France

_____

❷ La – sépare – de – la – Méditerranée – l'Afrique. – France

_____

❸ La – le – est – plus – fleuve – France. – Loire – la – de – long – le

_____

❹ La – traversée – grands – par – fleuves. – quatre – France – est

_____

❺ Bordeaux – en – des – est – préférées – classé – des – tête – villes – Français.

_____

C. Léa est étudiante. Elle parle avec M. Valence, le père de sa famille d'accueil. Insérez ce que Léa a dit dans le bon endroit pour former un dialogue logique.

❶ Merci, c'est très gentil.
❷ Non, c'est gentil, on va acheter un sandwich sur la route.
❸ Oui, je vais voir le Pont du Gard avec l'école.
❹ Bonne nuit.
❺ Comme d'habitude, mais je vais certainement rentrer plus tard. Ne m'attendez pas pour dîner.

M. Valence : Tu as prévu quelque chose ce week-end ?
Léa : _____
M. Valence : Très bien ! Tu as besoin d'un casse-croûte ?
Léa : _____
M. Valence : Tu pars à quelle heure demain ?
Léa : _____
M. Valence : D'accord. J'avais prévu de faire un bon poulet avec une soupe au potiron. J'en laisserai dans le frigo.
Léa : _____
M. Valence : Allez, je te laisse. Bonne nuit Léa.
Léa : _____

D. Insérez ce que Yves a dit dans le bon endroit pour former un dialogue logique.

❶ En août ? Mais, il n'y avait pas trop de monde ?

❷ Ah, vous y êtes allés le soir ? Ce n'était pas trop dur avec les enfants ?

❸ Tu es déjà allée au Mont-Saint-Michel ?

❹ Oui, j'y vais en septembre avec Virginie.

❺ J'imagine. Et c'était comment, alors ?

❻ C'était cher ?

❼ J'ai entendu qu'il fallait marcher beaucoup.

❽ Vous y êtes allés quand ?

Yves : _____

Véronique : Oui, j'y suis allée l'année dernière avec Jacques et les enfants.

Yves : _____

Véronique : En août !

Yves : _____

Véronique : Si, c'était noir de monde, surtout que c'était pendant le week-end du 15 août !

Yves : _____

Véronique : C'est un endroit magnifique ! Surtout depuis qu'ils ont refait la digue. Il y a maintenant une passerelle sur pilotis, c'est en bois... C'est vraiment très joli.

Yves : _____

Véronique : Oui, mais ça en vaut la peine ! Et puis, il y a des navettes gratuites pour ceux qui ne veulent pas marcher, et c'est un spectacle inoubliable, surtout le soir !

Yves : _____

Véronique : Si, un peu. En fait, on est arrivés un peu plus tard que prévu et du coup, on a préféré dîner sur place et on a attendu la nuit. Par contre, bonjour l'addition au restaurant !

Yves : _____

Véronique : Ben... vingt euros pour deux tranches de saumon qui se battent en duel ! C'est du n'importe quoi ! Mais bon ! On ne pouvait pas faire autrement, les enfants étaient fatigués, c'était un moindre mal. Tu as l'intention d'y aller ?

Yves : _____

2. Classez par groupes.

A. Industrie ou agriculture ?

❶ élevage   ❷ pêche   ❸ aéronautique   ❹ culture
❺ aérospatial   ❻ centrale nucléaire   ❼ construction d'automobile
❽ viticulture   ❾ métallurgie   ❿ sylviculture

Industrie	Agriculture

B. Pays voisins de la Chine ou pays voisins de la France ?

❶ la Belgique   ❷ la Grèce   ❸ la Russie   ❹ l'Inde
❺ l'Australie   ❻ l'Italie   ❼ la Mongolie   ❽ l'Afghanistan
❾ le Portugal   ❿ la Corée du Sud   ⓫ l'Allemagne   ⓬ le Laos
⓭ la Suisse   ⓮ le Népal   ⓯ Singapour   ⓰ l'Espagne
⓱ le Pakistan   ⓲ le Luxembourg   ⓳ le Viet-nam   ⓴ le Cambodge

Pays voisins de la Chine	Pays voisins de la France

3. Écrivez les formes demandées des mots suivants.

❶ question _____ (v.)   ❷ essence _____ (adj.)
❸ collection _____ (v.)   ❹ joli, e _____ (adv.)
❺ preuve _____ (v.)   ❻ exister _____ (n.)
❼ hausser _____ (n.)   ❽ convaincu _____ (v.)
❾ tranquille _____ (n.)   ❿ indulgent _____ (n.)

4. Présentez la Chine avec des phrases complètes.

Exemple : *La France*

Sa localisation : La France métropolitaine est située en Europe occidentale.

Sa localisation	
Sa population	
Sa superficie	
Ses frontières	
Ses pays voisins	
Ses reliefs	
Ses fleuves importants	
Sa division administrative	

5. Choisissez les bons mots ou expressions pour remplir le texte.

> châteaux • calme • environnement • ajouter • bretonne • satisfaction
> inséparable • historique • merveilles • cœur • riche • plages
> amoureux • jardins • gastronomiques

Il y a très peu de villes qui ont un ___❶___ naturel et culturel aussi ___❷___ que Nantes : elle est à moins de deux heures du Mont-Saint-Michel, de Saint-Malo et des ___❸___ de la Loire.

Il y a des ___❹___ gothiques comme l'abbaye de Fontevraud, des trésors ___❺___ comme le vin de Saumur ou les galettes, des ___❻___ immenses.

Au charme des stations balnéaires, il faut ___❼___ le charme des rivières, des marais, des vallées qui attirent les ___❽___ de la nature.

Au ___❾___ même de Nantes, les vallées de l'Erdre et de la Sèvre offrent aux citadins ___❿___ et tranquillité, tout comme les nombreux parcs et ___⓫___ de la ville.

Nantes, ville au patrimoine ___⓬___ prestigieux, est fière d'être ___⓭___. Tournée vers la mer, elle a une histoire ___⓮___ de toutes les aventures maritimes.

Quand on demande aux habitants des dix principales villes de France si leur environnement s'est amélioré, c'est à Nantes que la ___⓯___ est la plus grande.

Compréhension écrite

Lisez le texte et choisissez la bonne réponse.

Toulouse, la ville rose

Ce qui frappe à Toulouse quand on y arrive pour la première fois, c'est la couleur si particulière des bâtiments. Aussi bien les logements que les bâtiments publics du centre-ville sont teintés d'une couleur du rose léger à l'orange soutenu. Aucune ville de cette taille en France ne peut se targuer d'avoir des bâtiments avec des façades aux couleurs si chatoyantes.

À première vue, il n'existe aucun lien entre Jéricho et Toulouse. Jéricho en Palestine, vous en avez probablement déjà entendu parler et vous devez certainement vous poser la question de pourquoi je vous en parle !

Tout simplement parce que Toulouse a, au fil des siècles, été édifiée en utilisant principalement la brique romaine et la tuile. Or c'est dans cette ville que la brique romaine a été inventée. C'est donc grâce à Jéricho que Toulouse est la ville rose !

Depuis le ciel, on peut même reconnaître Toulouse grâce à ces tuiles. La ville rougeoie grâce aux tuiles utilisées pour couvrir les toits. Rose au levée, rouge à midi et pourpre le soir, la brique anime à chaque heure du jour et au fil des saisons les façades de la ville rose.

1 Pourquoi Toulouse est surnommée la « ville rose » ?

A. Parce qu'on plante partout des roses dans cette ville.

B. Parce qu'on dessine des roses sur les toits de tous les bâtiments.

C. Parce qu'au levée du jour, on peut sentir le parfum des roses.

D. Parce que la couleur du matériau de construction de cette ville est de la couleur rose.

2 Devinez le sens de « se targuer » d'après le contexte, lequel est son synonyme ?

A. se munir   B. se vanter   C. se voir   D. se moquer

3 Dans la phrase « Or, c'est dans cette ville que la brique romaine a été inventée. », « cette ville » veut dire ?

A. Palestine   B. Toulouse   C. Jéricho   D. la ville rose

4 Quelle est la couleur de la ville rose au coucher du soleil ?

A. Rose   B. Rouge

C. Orange soutenu   D. Pourpre

5 Pourquoi l'auteur parle de Jéricho dans ce texte ?

A. Parce que Jéricho est une ville voisine de Toulouse.

B. Parce que Jéricho est aussi connu de la couleur des façades de ses bâtiments.

C. Parce qu'on doit l'invention de la brique romaine à Jéricho.

D. Parce que la construction de Toulouse puise son inspiration dans celle de Jéricho.

Thème et version

1. Thème.

法国常被称为"正六边形"，这是因为其国土形状与六边形的几何图形非常相似。但是除大陆部分外，法国本土还包括位于地中海的科西嘉岛，该岛在尼斯以南 240 公里。此外，其领土还包括位于美洲、非洲、大洋洲等大洲的海外省和海外领地。

"正六边形"南北最长距离为 973 公里，东西最长距离为 945 公里。法国本土面积约为 55.1 万平方公里，国土面积位居欧洲第三，仅次于俄罗斯和乌克兰。

2. Version.

Lyon est une ville unique en France. Elle a deux mille ans d'histoire. Son riche patrimoine montre les différentes époques et raconte l'histoire de la ville. Grâce à son patrimoine architectural très riche, Lyon a été inscrit au Patrimoine mondial de l'humanité.

La ville de Lyon est située dans la vallée du Rhône. Il est très facile d'aller à Lyon si on vient de Paris. Vous pouvez prendre le TGV, il faut deux heures. Vous pouvez aussi y aller en avion, cela prend une heure.

À Lyon, vous trouverez de nombreux musées. Pour que tout le monde en profite, la plupart des grands musées lyonnais sont accessibles aux handicapés et le Musée des Beaux-arts propose des visites spéciales pour les gens qui ont des difficultés pour entendre ou pour voir.

Chaque année, Lyon accueille de nombreux touristes et étudiants étrangers. C'est une ville hospitalière.

Grammaire et conjugaison

1. Conjuguez les verbes suivants.

A. Mettez les verbes au passé composé.

s'écrouler

❶ L'empire byzantin _____ en 1453.

❷ Epuisée, elle _____ dans un fauteuil.

❸ Des pans de murs _____ en un instant.

❹ De nombreuses maisons _____ lors du tremblement de terre.

se moquer

❶ J'ai l'impression qu'elle _____ de toi tout à l'heure.

❷ Elles _____ de la maladresse de leur voisine.

❸ Ses camarades de classe _____ de lui parce qu'il avait un accent bizarre.

❹ Il _____ de son adversaire, mais enfin c'est lui qui a perdu.

B. Mettez les verbes au futur simple.

recevoir

❶ Tu _____ ma lettre dans trois jours.

❷ Le ministre de l'Éducation les _____ demain.

❸ Les nouveaux immigrants _____ gratuitement des cours de français.

❹ Vous _____ les premiers résultats dans quelques jours.

soutenir

❶ Prends du café. Ça te _____.

❷ Je _____ ma thèse dans un mois.

③ Nous _____ sans réserve cette résolution.

④ Tes parents te _____-ils dans ce projet ?

2. Transformez les phrases.

A. Transformez les phrases suivantes au discours indirect.

Exemple : *Elle dit : « Je suis malade. »* → *Elle dit qu'elle est malade.*

❶ Paul me demande : « Qu'est-ce que tu achètes ? »

_____.

❷ Son copain lui demande : « Pourquoi tu n'es pas venue à la fête ? »

_____.

❸ Marie demande à son cousin : « Combien de romans français as-tu ? »

_____.

❹ Elle me dit : « Tu as eu de la chance ! »

_____.

❺ Le professeur nous demande : « Vous avez bien compris ? »

_____.

❻ Jean demande à son frère : « Est-ce que tu as vu mon appareil photo ? »

_____.

❼ Sophie demande à ses parents : « Où allez-vous ? »

_____.

❽ Son mari lui demande : « Qu'est-ce qui t'a choquée ? »

_____.

❾ Sa femme lui demande : « Qu'est-ce qui ne va pas ? Qu'est-ce que tu comptes faire ? »

_____.

❿ Son patron lui dit : « Appelle-moi un taxi ! »

_____.

B. Transformez les phrases suivantes au discours direct.

Exemple : *Le professeur nous demande si nous entendons bien.* →
Le professeur nous demande : « Vous entendez bien ? »

❶ Léo demande à sa copine où elle a passé la soirée et avec qui elle était.

_____.

2 Le maître demande à Nicolas ce qui l'intéresse le plus dans ce livre.

_____.

3 Il se demande si c'est bien le moment de demander en mariage à sa copine.

_____.

4 Il lui demande de se taire et de se mettre vite au travail.

_____.

5 Le médecin demande au patient ce qui ne va pas et ce qu'il a mangé hier soir.

_____.

6 La vendeuse lui demande quelle robe lui plaît.

_____.

7 Le médecin lui conseille de ne plus fumer.

_____.

8 Il me dit que mes conseils lui sont utiles.

_____.

9 Sophie demande à son mari qui il va voir.

_____.

10 Il leur demande où ils iront après l'école.

_____.

3. Remplissez les trous.

A. Complétez avec une préposition appropriée.

1 Quelqu'un pourrait m'aider _____ monter cette valise dans ma chambre ?

2 Les marques de coups sur la victime portaient _____ croire que sa mort avait été violente.

3 Nous parvenons _____ nous mettre d'accord sur ce projet.

4 Je lui conseille _____ renoncer à ce projet.

5 Il ne faut pas se moquer _____ la peine du voisin, car la vôtre arrive le lendemain matin.

6 Tu te souviendras _____ ce moment inoubliable.

7 _____ quoi s'agit-il exactement ?

8 Obélix pense tout le temps _____ manger.

9 Ferme la porte à clé avant _____ partir.

10 _____ ce cas, je vous conseille d'aller le voir plutôt que de lui téléphoner.

B. Complétez avec un mot interrogatif.

1 Pourriez-vous me dire _____ le secrétariat est ouvert ?

2 Le patron lui demande _____ il est en retard.

3 Le policier demande aux passagers _____ ils ont leurs papiers d'identité sur eux.

4 La maîtresse voudrait savoir _____ a apporté ce bouquet de fleurs.

5 Dis-moi _____ vous pensez des réseaux sociaux.

C. Mettez les verbes entre parenthèses au mode et au temps appropriés.

Texte 1

Ce jour-là, ce (être) _____ l'anniversaire de Julianne et tout (se passer) _____ mal. Elle avait mis ses chaussures à hauts talons et elle (avoir) _____ mal aux pieds toute la journée. Tous ses amis (oublier) _____ de lui téléphoner pour lui souhaiter un joyeux anniversaire. Elle (aller) _____ chercher sa mère et toutes les deux, elles (aller) _____ déjeuner au restaurant. Son collier de perles (se casser) _____ et toutes les perles (tomber) _____ sur le plancher. Elle (se pencher) _____ pour les ramasser et elle (heurter) _____ le garçon qui (passer) _____ à toute vitesse, et il (renverser) _____ tout le contenu de son plateau sur la nouvelle robe de Julianne. Elles (quitter) _____ le restaurant immédiatement. Julianne (retourner) _____ au bureau où tout le monde la (attendre) _____ pour lui faire une surprise. Il va sans dire que tous ont été surpris !

Texte 2

La météo annonce qu'il y (avoir) _____ du soleil toute la semaine ! Je (aller) _____ donc passer le week-end à la mer comme prévu. Je (penser) _____ que toute la famille (venir) _____ avec moi : ma femme, mes enfants, mes beaux-parents... On (se baigner) _____ dans la mer, et on (faire) _____ peut-être une promenade jusqu'au vieux phare. Si toute la famille (être) _____ en forme, on (monter) _____ les 350 marches du phare pour admirer la vue. Je suis certain qu'on (passer) _____ un excellent moment. Les enfants (être) _____ excités.

4. Choisissez la bonne réponse.

1 Le chef de gare _____ que le train a du retard.

    A. annonce   B. raconte   C. informe

2 Il affrontait tous les temps, bravait toutes les mers et _____ que la mer et lui se connaissaient trop, depuis longtemps, pour se faire des méchancetés.

    A. expliquait   B. prétendait   C. proposait

3 Il faut _____ que les différences régionales en matière d'éducation restent importantes.

    A. voir   B. considérer   C. noter

4 _____-moi ce que cela signifie.

    A. Expliquez   B. Racontez   C. Demandez

5 Ceux qui _____ qu'il était trop tard ont eu tort.

    A. expliquaient   B. annonçaient   C. considéraient

5. Corrigez les fautes s'il y a lieu.

1 J'espère que tout va bien s'arranger et cet incident ne se renouvellera plus jamais.

2 Sylvie écrit à son mari qu'elle lui manque beaucoup.

3 Je voudrais savoir si Paul s'intéresse-t-il à ce programme.

4 Le professeur nous demande si nous avons bien compris et que ce sujet nous intéresse.

5 Je leur demande ce qu'ils parlent.

6 Je lui dis que je ne lui attends plus.

7 As-tu entendu dire les aventures d'Astérix ?

8 De quoi ce film s'agit-il ?

9 Qu'est-ce qui s'est passé hier soir ? Je ne me le souviens plus.

10 Il faut penser des conséquences de vos actes.

Vocabulaire et expressions

1. Mettez en ordre.

A. Mettez les lettres en ordre pour former un mot.

1   o   t   i   s   u   e   n   r   _____

② e g a s r u e s r _____

③ u e r u c i x _____

④ e u e l t c t l e i _____

⑤ a l s n g r i e _____

B. Mettez les mots en ordre pour former une phrase complète.

❶ une – Elle – bizarre – a – s'habiller. – de – façon

_____

❷ d'un – a – son – coup – assommé – agresseur – Il – poing. – de

_____

❸ police. – à – donné – témoin – signalement – Le – de – conducteur – la – l'accident – a – le – du

_____

❹ attrapé – méchante – Il – grippe. – une – a

_____

❺ petit – immangeable. – une – restaurant – Ce – nourriture – sert

_____

C. Insérez ce que Sandrine a dit dans le bon endroit pour former un dialogue logique.

❶ Non, pas vraiment.
❷ D'accord, c'est très gentil.
❸ Oui, j'aimerais bien visiter les châteaux de la Loire.
❹ Chambord ?
❺ Cheverny ? C'est le château de Tintin ?

Léa : Il y a quelque chose que tu voudrais faire ? Qu'est-ce que tu voudrais voir ?
Sandrine : _____
Léa : Et il y en a un en particulier que tu voudrais voir ?
Sandrine : _____
Léa : Alors, si tu veux, je pourrai t'emmener voir le château de Chambord.
Sandrine : _____
Léa : Oui, c'est un très grand château. Je suis sûr que ça va te plaire.
Sandrine : _____

Léa :　　　On peut en visiter deux dans la journée. Il y a le château de Cheverny pas très loin. C'est beaucoup plus petit mais il y a un joli parc.

Sandrine :　_____

Léa :　　　Oui, tout à fait. Hergé s'est inspiré de ce château. D'ailleurs, si tu aimes Tintin, tu pourras acheter quelques souvenirs très sympa à la boutique du château.

D. Complétez l'interview.

❶ Vous n'aviez pas d'amis ?
❷ Jouiez-vous d'un instrument ?
❸ Quel genre d'enfant étiez-vous ?
❹ Où passiez-vous vos vacances ?
❺ Comment passiez-vous votre temps libre ?
❻ Vous pratiquiez un sport ?

Journaliste :　_____

Écrivaine :　J'étais très calme et très curieuse.

Journaliste :　_____

Écrivaine :　Enfant, je sortais peu de chez moi. Je jouais avec mes frères et sœurs et nous passions les dimanches tranquillement en famille. Parfois on allait au cinéma en famille, mais c'était très rare.

Journaliste :　_____

Écrivaine :　Si bien sûr, j'avais des camarades de classe, mais ils ne venaient jamais à la maison.

Journaliste :　_____

Écrivaine :　Je faisais de l'équitation tous les mercredis après-midi. J'adorais ça.

Journaliste :　_____

Écrivaine :　Oui, je jouais du violon. D'ailleurs, mes parents aussi jouaient du violon.

Journaliste :　_____

Écrivaine :　Alors, chaque année, mes parents nous emmenaient en Bretagne près de Saint-Malo. Mon oncle avait une maison secondaire là-bas. J'adorais cet endroit. On pouvait aller à la mer tous les jours.

2. Trouvez le mot d'après sa définition.

❶ Récit plus ou moins légendaire, histoire familiale racontée sur plusieurs générations.

　　s ____ ____ a

❷ Film, récit (souvent policier) qui produit des sensations fortes.

____ h ____ ____ ____ l ____ ____

❸ Ouvrage qui a pour objet l'histoire de vies particulières.

____ i ____ ____ r ____ ____ ____ i ____

❹ Film instructif destiné à montrer des faits enregistrés et non élaborés pour l'occasion.

d ____ ____ ____ m ____ ____ t ____ ____ ____ e

❺ Suite de dessins qui racontent une même histoire, et où les paroles et les pensées des personnages sont données dans des bulles.

____ a ____ ____ e d ____ s ____ ____ n ____ ____

❻ Art du langage, visant à exprimer ou à suggérer quelque chose par le rythme, l'harmonie et l'image.

p ____ ____ s ____ ____

❼ Récits généralement brefs, de construction dramatique, que l'on groupe en recueil.

n ____ ____ v ____ ____ l ____

❽ Genre littéraire et artistique qui décrit un état futur du monde.

s ____ ____ ____ n ____ e - ____ i ____ ____ i ____ ____

❾ Biographie d'un auteur faite par lui-même

a ____ ____ o ____ ____ o ____ ____ ____ p ____ ____ ____

❿ Art de juger les ouvrages de l'esprit, les œuvres littéraires, artistiques ; jugement sur une œuvre.

____ r ____ ____ i ____ ____ e

3. Écrivez les formes demandées des mots suivants.

❶ curieux _____ (n.)   ❷ transporter _____ (n.)

❸ accepter _____ (n.)   ❹ prononcer _____ (n.)

❺ malheureux _____ (adv.)   ❻ affirmer _____ (n.)

❼ signifier _____ (adj.)   ❽ soutenir _____ (n.)

❾ conseiller _____ (n.)   ❿ faible _____ (adv.)

⓫ cueillette _____ (v.)   ⓬ complètement _____ (adj.)

4. Reliez les adjectifs avec leur synonyme.

1 intéressant	touchant
2 original	déchirant
3 drôle	étonnant
4 émouvant	captivant
5 incompréhensible	ennuyeux
6 fade	inédit
7 poignant	amusant
8 surprenant	inexplicable

5. Choisissez les bons mots ou expressions pour remplir le texte.

> mondial • se souvient • dessinateurs • Angoulême • monopole
> soin • s'ouvrent • gigantesques • jetable • ailleurs • se mondialiser
> livres • forme • consomme • marché

Depuis le début du XXIe siècle, les esprits _____ **1** _____ et la bande dessinée découvre que, discrètement, étape par étape, la BD a fini par _____ **2** _____. Non seulement la France n'a pas le _____ **3** _____ de la BD, mais, en réalité, tout le monde en fait. Il y a partout des _____ **4** _____ de presse, des caricaturistes, il y a partout aussi des auteurs au moins potentiels. « *La bande dessinée est depuis longtemps un art* _____ **5** _____. Dans les pays scandinaves, dans les pays du sud de l'Europe et en Asie, il y a de la BD », précise Benoît Mouchart, directeur éditorial de Casterman et pendant dix ans à la tête du Festival d' _____ **6** _____, où il prenait un _____ **7** _____ particulier à faire découvrir une « *BD venue d'* _____ **8** _____ ». « Le fondateur américain du magazine "Mad" était là au premier festival. Tezuka, le père d'Astro Boy, était là en 1982 », _____ **9** _____ -il. « *Il y a de la BD partout, mais il n'y a pas partout un* _____ **10** _____ *de la BD. C'est ça qui fait de la France avant tout un pays à part* », indique de son côté Thomas Ragon, directeur de collection chez Dargaud. « *Dans un pays comme l'Italie, on* _____ **11** _____ *énormément de BD, mais sous* _____ **12** _____ *de magazines dont les tirages sont souvent* _____ **13** _____. C'est un marché de presse alors que, en France, la BD est un marché de _____ ⑭ _____. On fait du beau, de la belle impression, du cartonné... pas du « cheap » _____ ⑮ _____. Forcément, cela attire les auteurs », explique-t-il.

Compréhension écrite

Lisez le texte et choisissez la bonne réponse.

Tintin, qui est un personnage de BD, a été inventé en 1929 par le dessinateur Georges Remi, qui a pris le nom d'Hergé, formé à partir de ses propres initiales (R.G.).

Hergé mettait beaucoup de soin à créer les albums qui racontent les aventures de Tintin et c'est pour cette raison qu'il n'y en a pas beaucoup : vingt-quatre seulement, mais chacun de ces livres-là a été vendu à des millions d'exemplaires et traduit dans soixante-deux langues.

Il est difficile de donner un âge à Tintin, mais, bien sûr, ce n'est pas un enfant : il exerce la profession de reporter. Mais ceux qui ont lu attentivement tous les albums dont Tintin est le héros ont remarqué qu'on ne le voit qu'une seule fois en train d'écrire un reportage. Ses aventures le mènent partout à travers le monde et l'exposent à de nombreux dangers. Trop de choses lui arrivent pour qu'il ait le temps d'écrire. Et puis, Hergé n'est-il pas là pour le faire à sa place ?

Aux côtés de Tintin, on retrouve, d'album en album, de nombreux personnages attachants et drôles. En tout premier lieu, il faut citer Milou, un joyeux petit chien à qui Tintin parle sans arrêt et qui comprend tout ce que son maître lui dit. Milou n'est pas seulement intelligent, il est courageux et c'est grâce à lui que Tintin parvient à se tirer d'affaire dans des situations bien difficiles.

Un autre compagnon fidèle est le capitaine Haddock. Il est plein de défauts. Il est alcoolique et colérique. Il agit sans réfléchir. Il parle haut et fort. Mais il a très bon cœur. Au château de Moulinsart, où se reposent Tintin, Milou et Haddock entre deux aventures, vit aussi le professeur Tournesol. C'est un savant un peu fou et sourd comme un pot. Comme il entend très mal, il répond toujours à côté de la question et la conversation avec lui est, à la fois, énervante pour ses interlocuteurs et amusante pour le lecteur.

Dans les aventures de Tintin interviennent souvent deux détectives, Dupont, avec T et Dupond, avec D, qui se ressemblent comme deux gouttes d'eau et qui ne cessent de se répéter l'un l'autre. Par exemple, si un Dupont dit : « Le CEB 2011 est bien agréable ! », l'autre Dupond reprend : « Je dirais même mieux : le CEB 2011 est bien agréable ! ». Cela aussi est fort comique.

1 Pourquoi Hergé a créé seulement vingt-quatre aventures ?

A. Parce qu'il n'a pas eu d'idée après.

B. Parce que sa création a été interrompue par la Seconde Guerre mondiale.

C. Parce qu'il mettait beaucoup de soin à créer les albums, il n'est donc pas un écrivain prolifique.

D. Parce que ses livres se sont mal vendus.

2 Laquelle de ces affirmations est correcte ?

A. Tintin est un enfant, il voyage à travers le monde avec son chien Milou.

B. Tintin est reporter, il est occupé à écrire des reportages lors de ses voyages.

C. Tintin parle rarement à son chien Milou, parce que ce dernier ne comprend rien.

D. Il arrive à Tintin trop de choses, c'est la raison pour laquelle il n'a pas le temps d'écrire des reportages.

3 Grâce à qui Tintin parvient-il à s'en sortir souvent ?

A. Son chien Milou

B. Le capitaine Haddock

C. Le professeur Tournesol

D. Dupont et Dupond

4 Quel mot ne peut pas qualifier le capitaine Haddock ?

A. imprudent

B. alcoolique

C. colérique

D. indifférent

5 Que veut dire « Dupont et Dupond se ressemblent comme deux gouttes d'eau » ?

A. Dupont et Dupond ne se ressemblent pas du tout.

B. Dupont et Dupond se ressemblent trait pour trait.

C. Dupont et Dupond se ressemblent un peu.

D. Dupont et Dupond ont un point commun, tous les deux boivent beaucoup d'eau chaque jour.

Thème et version

1. Thème.

你们认识阿斯泰利克斯吗？

他是一个留着大胡子的小个头。他很矮，但很强壮、聪明、勇敢。当然，阿斯泰利克斯不是一个真实的人，而是法国最受欢迎的漫画中的人物。现今，五千多万法国人都对他的故事感兴趣。谁不认识他呢？他的肖像出现在海报上、教科书里，人们甚至把它贴在汽车上。为什么他的知名度这么高，所有法国人都认识他呢？因为这个小个子代表了法国人的民族性格。

阿斯泰利克斯和他的朋友奥贝利克斯经常出国旅行。每次旅行都构成新一册漫画书的主题，每本书都获得巨大的成功。

2. Version.

Le film de Cédric Klapitch *L'Auberge espagnole* a beaucoup séduit les jeunes Européens qui vont d'une université à l'autre avec les programmes d'échanges ERASMUS. Ils se sont reconnus dans le héros qui partage un appartement à Barcelone avec d'autres étudiants. En France, les jeunes se mettent peu à peu à la colocation, même si ce mode de logement est beaucoup plus habituel dans les pays anglo-saxons. Partager un appartement peut faire rêver : on se fera des amis, on organisera des fêtes, on parlera plusieurs langues... C'est vrai, mais attention ! Il vous faudra être patient, diplomate, tolérant. Ce sera probablement, au jour le jour, moins rose que vous le pensez. Prenez certaines précautions : assurez-vous que vos colocataires ont des emplois du temps semblables aux vôtres, qu'ils ont des revenus et qu'ils ont le sens des responsabilités.

Symboles et identité

Grammaire et conjugaison

1. Conjuguez les verbes suivants.

A. Mettez les verbes au passé composé.

se faire

❶ Elle _____ belle pour cette soirée.

❷ Elle _____ une robe.

❸ Paris (ne pas) _____ en un jour.

❹ Il _____ le porte-parole de tous.

réagir

❶ Le gouvernement _____ avec célérité.

❷ Elles _____ prudemment à cette proposition.

❸ Les sentiments manifestés par l'auditoire _____ sur l'orateur.

❹ Nous _____ avec vigueur et détermination.

B. Mettez les verbes à l'imparfait.

se douter

❶ Je (ne) _____ de rien.

❷ Nous (ne pas) _____ que si peu de temps après nous aurions à supporter ensemble une si grande épreuve.

❸ Elle _____ bien que ce n'était pas vrai.

❹ Est-ce que vous _____ de cela ?

cogner

❶ On a entendu dans les couloirs des ouvriers qui _____.

❷ Il _____ du poing sur la table.

❸ Les petites filles _____ sur leur vitre pour attirer l'attention du passant.

❹ Elle _____ de toutes ses forces le piquet pour l'enfoncer.

2. Transformez les phrases.

A. Reliez les phrases en utilisant le pronom relatif « dont ».

Exemple : *C'est un film. La fin de ce film est très triste.* →
C'est un film dont la fin est très triste.

❶ Il a acheté un appartement. Les pièces de cet appartement sont claires.

_____ .

❷ Hier soir, j'ai rencontré un ancien collègue. J'ai oublié son nom.

_____ .

❸ Est-ce que tu connais cette jeune actrice ? On parle beaucoup d'elle en ce moment.

_____ .

❹ Elle a quitté ce club sportif. Elle faisait partie de ce club.

_____ .

❺ Il a acheté un ordinateur portable. Il se sert beaucoup de cet ordinateur portable.

_____ .

❻ Nous avons reçu une dizaine de visiteurs français. Cinq visiteurs viennent de Paris.

_____ .

❼ Mon père m'a montré ses timbres. Beaucoup de ces timbres sont précieux.

_____ .

❽ Son fils l'a beaucoup déçue. Elle était si fière de son fils.

_____ .

❾ Son mari lui a offert une voiture. Elle est très satisfaite de cette voiture.

_____ .

❿ J'ai beaucoup de romans français. Je peux te prêter quelques romans français.

_____ .

B. Reliez les phrases par un pronom relatif approprié.

Exemple : *Ces élèves travaillent avec constance. Ils font de rapides progrès.* →
Ces élèves qui travaillent avec constance font de rapides progrès.

1 Mon père est très content de son téléphone portable. L'écran de ce téléphone portable est très lisible.

_____.

2 Il est à Paris. Le Louvre se trouve à Paris.

_____.

3 La dame est tombée dans la rue. Elle avait les cheveux blancs.

_____.

4 Cet homme est très important. On connaît peu son existence.

_____.

5 Ce panneau d'affichage est très voyant. Il mesure 100 mètres sur 50.

_____.

6 Le jardin n'est pas très grand. Mon chien est en train de jouer dans ce jardin.

_____.

7 Julien roulait trop vite. Il a eu un accident.

_____.

8 Il vient d'ouvrir une fenêtre. Cette fenêtre donne sur la cour.

_____.

9 L'innocence est un trésor. Nous devons garder ce trésor avec soin.

_____.

10 Je me souviendrai toujours des bontés. Ma mère m'a comblée de bontés.

_____.

C. Reformulez les phrases en utilisant un pronom possessif.

Exemple : *J'ai lavé ma voiture et Sylvie a lavé sa voiture.* →
J'ai lavé ma voiture et Sylvie a lavé la sienne.

1 Peux-tu me prêter ta gomme ? J'ai perdu ma gomme.

_____.

2 Mes frères jouent dans le parc. Mais où sont passés tes frères ?

_____.

③ J'ai mangé de la tarte aux pommes mais j'ai préféré leur tarte aux pommes.

_____ .

④ J'ai perdu mes lunettes. Jean m'a dit que lui aussi perdait souvent ses lunettes.

_____ .

⑤ Nous avons reçu nos paquets. Avez-vous reçu vos paquets ?

_____ .

⑥ Pose tes chaussures à côté de mes chaussures.

_____ .

⑦ Tes enfants sont plus sages que leurs enfants.

_____ .

⑧ Notre maison comprend trois pièces. Et ta maison ?

_____ .

⑨ J'ai fait tous mes exercices. Mais Alice n'a pas encore terminé ses exercices.

_____ .

⑩ Vous avez vos bagages. Mais où sont nos bagages ?

_____ .

3. Remplissez les trous.

A. Complétez avec une préposition appropriée.

❶ Cette créatrice est connue _____ le monde entier.
❷ Cet écrivain est passionné _____ l'Afrique.
❸ Les légumes peuvent être consommés _____ différentes formes : salade, légume cuit, potage, etc.
❹ Un grand nombre de citoyens ne peuvent pas se passer _____ leur véhicule.
❺ Il a agi contrairement _____ ses promesses.
❻ Un grand requin blanc vient chasser _____ le nez des touristes.
❼ Elle se maintient _____ les trois premiers.
❽ Il évaluait _____ un œil expert les œuvres d'art.
❾ Il est loin de se douter _____ ce qui l'attend.
❿ Aucune attaque n'est parvenue _____ le briser.

B. Complétez avec « ce qui », « ce que » ou « ce dont ».

❶ Ne répétez pas _____ je viens de dire.
❷ Je vais au supermarché. Dis-moi _____ tu as besoin.
❸ Je me demande _____ nous ferons pendant les vacances.

④ Lucie pourra choisir tout _____ lui plaît.

⑤ Le blessé ne sait pas _____ s'est passé et ne se rappelle pas vraiment de _____ il a fait. Il a raconté à la police tout _____ il se souvient.

C. Distinguez « en » et « dont ».

① L'appartement _____ je rêve doit être bien situé et comprendre trois grandes pièces.

② Cet appartement, je _____ rêve depuis longtemps.

③ Il a deux sœurs, et moi, je _____ ai une.

④ J'ai invité plusieurs amis _____ trois Français.

⑤ Ce roman, je _____ ai entendu parler.

⑥ Le roman _____ j'ai entendu parler a été adapté au cinéma.

⑦ Je n'ai pas la mauvaise habitude _____ vous avez parlé.

⑧ Je n'ai pas l'habitude de me coucher tard. Lui non plus, il ne _____ a pas l'habitude.

D. Mettez les verbes entre parenthèses au mode et au temps appropriés.

Les champignons d'Alexandre Dumas

Alexandre Dumas faisait un voyage en Allemagne, il avait beaucoup de peine pour se faire comprendre, car il ne (connaître) _____ pas un mot d'allemand.

Un jour, il est arrivé dans un petit village et est entré dans un restaurant. Il (avoir) _____ envie de manger des champignons, mais la seule difficulté était de faire comprendre au garçon ce qu'il (vouloir) _____. Alors Alexandre Dumas (prendre) _____ une feuille de papier et (dessiner) _____ un champignon.

Le garçon (regarder) _____, puis (sourire) _____ et (s'en aller) _____. Alexandre Dumas imaginait déjà des champignons appétissants lorsqu'à sa surprise, il (voir) _____ le garçon qui (revenir) _____ avec un parapluie à la main.

4. Corrigez les fautes s'il y a lieu.

① C'est un peintre connu dont ses peintures se vendent très bien.

② C'est de cette nouvelle dont tous les étudiants parlent.

③ Voilà la robe dont sa femme en a très envie.

④ C'est un écrivain mondialement connu dont j'ai lu tous ses romans.

⑤ Mon colocataire a un emploi du temps tout à fait différent de mien.

⑥ Elle écrit souvent à ses amis français. Mais je n'ai pas écrit à miens depuis des mois.

⑦ Il est d'origine italien.

⑧ Tu n'as pas d'accent marseillais.

⑨ J'ai mes idées sur la question. Vous avez les tiennes !

⑩ Mon baladeur est tombé en panne. Lucie m'a prêté la mienne. C'est vraiment sympa de sa part.

Vocabulaire et expressions

1. Mettez en ordre.

A. Mettez les lettres en ordre pour former un mot.

① i p o e l h o s h p _____

② i v d i b l n l o e _____

③ a s o i j l u e _____

④ b s o i t é n a s _____

⑤ s c d n e n e d a t _____

B. Mettez les mots en ordre pour former une phrase complète.

① Louvre – un – Le – plus – du – est – musées – des – beaux – monde.

_____

② adultes – autant – dessinée – Les – bande – cette – enfants. – aiment – que – les

_____

③ talent – pour – les – Elle – raconter – un – a – histoires.

_____

④ vin – une – du – Le – alcoolisée – avec – est – est – boisson – qui – produite – raisin.

_____

❺ rapide – va – de – Un – démographique – problèmes – beaucoup – accroissement – susciter – sociaux.

_____ _____ _____ _____ _____ _____ _____ _____

C. Insérez ce que madame Leclerc a dit dans le bon endroit pour former un dialogue logique.

❶ Cristal, cristal... 10 ans ?

❷ Et bien, c'est noté.

❸ Oui, Jean. Un problème ?

❹ Ah oui, 10 ans c'est pour les noces de plomb.

❺ Oui, vous avez les dates ?

❻ Comme c'est charmant ! Ça fait combien de temps ?

❼ Jeudi 14 et vendredi 15 ... Il y a une raison particulière ?

❽ Vous de même.

❾ Passons ! Écoutez, il n'y a pas de soucis de mon côté. Vous prendrez sur vos RTT ?

Jean :   Madame Leclerc ? Je peux vous parler ?

Mme Leclerc : _____

Jean :   J'aurai besoin de poser deux jours de congé en avril prochain.

Mme Leclerc : _____

Jean :   Le 14 et 15 avril...

Mme Leclerc : _____

Jean :   Je voudrais offrir un grand week-end à ma femme pour notre anniversaire de mariage.

Mme Leclerc : _____

Jean :   On fêtera nos noces de cristal.

Mme Leclerc : _____

Jean :   Non, 15 ans.

Mme Leclerc : _____

Jean :   Sans vouloir vous contredire, 10 ans, c'est les noces d'étain.

Mme Leclerc : _____

Jean :   Oui, et si vous avez besoin de quelqu'un pour des heures sup en février, je suis volontaire.

Mme Leclerc : _____

Jean :   Merci beaucoup. Bonne journée.

Mme Leclerc : _____

D. Insérez ce que Thomas a dit dans le bon endroit pour former un dialogue logique.

❶ Et ça a changé quelque chose ?

❷ Mon livre préféré ? C'est une question difficile !

❸ *L'Insoutenable Légèreté de l'Être* ?

❹ Je ne vois pas trop l'intérêt !

❺ Ça fait bien dix ans ! Je venais d'entrer à la fac.

❻ Tu veux dire que le temps passant, on ne comprend pas les livres de la même manière.

❼ Oui... donc tu n'as pas de livre préféré si j'ai bien compris. Tu aurais pu le dire plus tôt !

❽ *L'Insoutenable Légèreté de l'Être*, de Kundera.

❾ Le relire ? Je ne vois pas pourquoi ! Je me rappelle très bien l'histoire.

Jeanne : C'est quoi ton livre préféré ?

Thomas : _____

Jeanne : Pourquoi ? On a tous un livre préféré !

Thomas : _____

Jeanne : Tu l'as lu quand la dernière fois ?

Thomas : _____

Jeanne : Et ben, tu vois, tu devrais peut-être le relire avant de dire que c'est ton livre préféré.

Thomas : _____

Jeanne : Quand j'étais à la fac, je disais moi aussi que c'était mon livre préféré.

Thomas : _____

Jeanne : Oui, et puis un jour, je faisais ma deuxième année de master, j'ai conseillé ce livre à une amie qui l'a lu et qui m'a demandé ensuite si j'aimais vraiment ce livre. Sa question m'a vraiment surprise. Alors je l'ai relu le soir même...

Thomas : _____

Jeanne : Oui, je n'aimais plus. Le fait de ne plus aimer un livre a été une grande découverte pour moi. Un livre que j'adorais ! J'avais lu tout Kundera, puis tous les auteurs tchèques traduits en français et je suis même allée marcher dans les rues de Prague pour mieux apprécier son œuvre. J'étais complètement fan.

Thomas : _____

Jeanne : Oui, à partir de ce moment, j'ai compris qu'un auteur comme un lecteur change. J'ai commencé à me renseigner sur la biographie des auteurs, l'âge auquel ils ont écrit leurs livres.

Thomas : _____

Jeanne : C'est super important. Il y a des choses qu'on ne perçoit que jeune, d'autres qu'on ne comprend qu'avec l'expérience.

Thomas : _____

2. Écrivez les formes demandées des mots suivants.

1 émanciper _____ (n.)   **2** lait _____ (adj.)

3 vêtement _____ (adj.)   **4** jaloux _____ (n.)

5 fier _____ (n.)   **6** lourd _____ (adv.)

7 obéir _____ (adj.)   **8** alcool _____ (adj.)

9 méprisant _____ (v.)   **10** philosophe _____ (adj.)

11 propre _____ (adv.)   **12** immigrer _____ (n.)

3. Choisissez les bons mots ou expressions pour remplir le texte.

> chant • l'origine • personnifie • terme • découverte
> courage • médaille • accepter • partir • fin
> symbole • époque • vigilance • prouver • monnaies

Le coq est, à _____**1**_____, un des insignes de la nation gauloise. On l'a retrouvé sur le revers des _____**2**_____ gauloises suite à la _____**3**_____, à Lewarde en 1844, d'une _____**4**_____ gallo-romaine. Il est facile donc de _____**5**_____ que le nom et l'image du coq ont été usités comme le _____**6**_____ de la France depuis cette _____**7**_____-là.

Le mot « coq » est une altération du _____**8**_____ latin *gallus*, signifiant à la fois *coq* et *gaulois*, devenant ainsi le symbole de la Gaule et des Gaulois pendant l'Antiquité. Plusieurs pensent que ce n'est qu'une onomatopée du _____**9**_____ bien connu de cet oiseau, représenté par les syllabes : *co-co-ri-co*. Mais il faut attendre la _____**10**_____ du Moyen Age pour voir les souverains français _____**11**_____ le coq comme emblème de leur _____**12**_____ et de leur _____**13**_____, et c'est seulement à _____**14**_____ de la Renaissance que le coq _____**15**_____ la Nation française.

Compréhension écrite

Lisez le texte et choisissez la bonne réponse.

L'interdiction du téléphone portable au collège

Selon une étude, les élèves qui fréquentent des écoles où le téléphone est interdit ont de meilleurs résultats que les autres. Dernièrement, le ministre de l'Éducation nationale a souhaité durcir l'interdiction des téléphones portables au collège qui existe déjà, mais qui, en pratique, n'est pas suffisamment appliquée parce qu'aucune sanction n'est prévue.

On semble oublier que le personnel en milieu scolaire applique déjà cette mesure, comme le rappelle Lysiane Gervais, secrétaire nationale du SNPDEN-Unsa : « Dans 97% des collèges, l'utilisation du portable est interdite. Cela fonctionne plus ou moins bien. Si un élève utilise son téléphone ou s'il sonne en cours, l'appareil est confisqué et remis aux parents ». Elle ajoute qu'une interdiction totale est « impossible à gérer. Quand on est sur le terrain, on s'en rend bien compte. »

De plus, les élèves ont des téléphones portables au collège car ils sont équipés par leurs parents qui veulent pouvoir joindre leurs enfants après la classe, parce que ça les rassure. Selon le responsable d'une fédération de parents d'élèves, il y aurait autant de parents favorables à l'interdiction des téléphones portables qu'à leur autorisation. C'est pourquoi les modalités de cette interdiction doivent être discutées avec les familles.

Catherine Nave-Bekhti, secrétaire générale du Sgen.DFDT, juge cette nouvelle interdiction inutile. « Ajouter de l'interdiction à l'interdiction ne dit pas comment on règle le problème. Tous les collèges ne sont pas équipés de casiers ». Cela nécessite des équipements et suffisamment de place. « L'autre élément est que certains enseignants développent un usage pédagogique des outils numériques. Un autre inconvénient à cette interdiction est le risque de priver les adolescents d'un apprentissage sur l'utilisation raisonnée d'Internet et des réseaux sociaux. Les enseignants font réfléchir leurs élèves quant à leur utilisation du numérique, aux conséquences de ce qu'ils y écrivent, au droit à l'image et au respect de l'autre. Les outils numériques contribuent à la formation des élèves. On aurait préféré une réflexion collective sur la place du numérique à l'école plutôt que de découvrir que le sujet serait à nouveau relancé, sans dialogue. Le ministère devrait ouvrir le débat à tous les acteurs de l'école. »

Pour certains enseignants, le débat dépasse celui de l'école : « Je parle des écrans avec les ados, je valorise la lecture de livres, mais le véritable problème c'est ce qui se passe à la maison » s'inquiète Jean-Thomas Giovannoni, professeur d'anglais, qui a lui-même grandi sans télévision. « Il faut que les parents apprennent à leurs enfants à garder une distance avec les écrans. »

D'après Céline HUSSONNOIS-ALAYA

❶ Une enquête montre que l'usage du téléphone portable à l'école a des conséquences négatives sur _____.

A. la concentration des jeunes   B. le niveau scolaire des jeunes

C. les relations sociales   D. les relations parents-enfants

❷ Selon le ministre de l'Éducation nationale, l'interdiction du téléphone portable au collège n'est pas bien appliquée par manque _____.

A. de règlements   B. de surveillance

C. de financement   D. de sanction

❸ Selon Lysiane Gervais, dans l'intérêt des jeunes, il faudrait _____.

A. autoriser pleinement le téléphone à l'école

B. interdire complètement le téléphone à l'école

C. tolérer sous conditions le téléphone à l'école

D. interdire aux élèves d'apporter leur téléphone à l'école

❹ Les parents seraient _____.

A. très opposés à l'utilisation du téléphone par les élèves à l'école

B. plutôt partagés sur l'utilisation du téléphone par les élèves à l'école

C. globalement favorables à l'utilisation du téléphone par les élèves à l'école

D. très hésitants sur l'utilisation du téléphone par les élèves à l'école

❺ Pour Catherine Nave-Bekhti, interdire le portable à l'école est difficile par manque _____.

A. de moyens matériels   B. de personnel

C. de soutien des parents   D. de volonté politique

❻ Selon Catherine Nave-Bekhti, interdire le portable à l'école _____.

A. serait un obstacle aux libertés individuelles

B. empêcherait les élèves de développer des relations sociales

C. ne pourrait pas rassurer les parents qui veulent joindre leurs enfants après la classe

D. priverait les élèves d'une éducation aux usages d'internet

❼ Pour Catherine Nave-Bekhti, la question du numérique à l'école est _____.

A. peu discutée   B. trop discutée

C. trop médiatisée   D. déjà dépassée

8 Pour Jean-Thomas Giovannoni, la question de l'usage du téléphone chez les jeunes relève principalement de la responsabilité _____.

A. de l'école
B. des professeurs
C. de la famille
D. des jeunes eux-mêmes

Thème et version

1. Thème.

卢浮宫博物馆是世界上最大的博物馆之一，也是巴黎最大的博物馆。它位于巴黎市中心塞纳河右岸，原是法国的王宫。

卢浮宫博物馆珍藏的主要艺术品是绘画、雕塑、考古文物（objet archéologique）……

米洛的《维纳斯》、达芬奇（Léonard de Vinci）的《蒙娜丽莎》、欧仁·德拉克罗瓦（Eugéne Delacroix）的《自由引导人民》是该馆最受关注的几件艺术品。

卢浮宫博物馆是世界上参观人数最多的博物馆，2014 年接待参观者达九千三百万人。游客群体很年轻，实际上，50% 的参观者都是三十岁以下的年轻人。还要注意到，70% 的参观者是外国人，以美国人、中国人、意大利人、英国人和巴西人居多。

2. Version.

Les premières représentations de la Marianne apparaissent sous la Révolution française. Elle représente la mère patrie courageuse et à la fois pacifique et protectrice ; elle incarne aussi la liberté et la République française.

Marianne est une femme coiffée d'un bonnet phrygien de couleur rouge. Ce dernier est le symbole de la liberté ; en fait, il était porté par les esclaves affranchis en Grèce et à Rome. En outre, il était aussi porté par les sans-culottes pendant la Révolution française. Pour autant, Marianne représente la France libérée de l'« esclavage » de la monarchie absolue.

Mais pourquoi on a utilisé ce prénom ? Sa vraie origine, encore aujourd'hui, reste inconnue. Ce prénom était très répandu au XVIIIième siècle ; en effet,

Marianne est issu de la contraction de Marie et Anne, deux prénoms très fréquents dans les milieux populaires et ruraux. Pour cette raison c'est Marianne qui représente le peuple.

Sous la IIIième République, les statues et surtout les bustes de Marianne prolifèrent, en particulier dans les mairies en remplacement des bustes de Napoléon III. La Marianne figure également sur des objets de très large diffusion comme les pièces de monnaie ou les timbres-poste.

12

La liberté des uns s'arrête là où commence celle des autres.

Grammaire et conjugaison

1. Conjuguez les verbes suivants.

A. Mettez les verbes au présent.

poursuivre

1 Je _____ mes études en France.
2 Il _____ les ennemis.

3 Vous _____ ce travail ?
4 Ils _____ cet homme en justice.

se plaindre

1 Côté distractions, je
   ne _____ pas.
2 Son supérieur hiérarchique
   ne _____ jamais d'elle.

3 Nous _____ de ce travail
   difficile.
4 Elles _____ de la rareté de mes
   lettres.

B. Mettez les verbes au passé composé.

poursuivre

1 Je _____ mon rêve.
2 Elle _____ son mari en justice.
3 Est-ce que vous _____ votre chemin jusqu'à Versailles ?
4 Les ouvriers _____ le travail jusqu'à minuit.

se plaindre

1 Luc et moi, nous _____ de l'insolence de mes élèves.
2 Il _____ de ne pas avoir assez d'outils.
3 Qu'est-ce qu'il y a, Lucie? Tu _____ toute la journée!
4 Certains distributeurs _____ vendredi des pertes occasionnées.

C. Mettez les verbes à l'imparfait.

revenir

❶ À l'époque, son nom _____ souvent dans notre conversation.
❷ Nous _____ au bureau après les repas.
❸ Je _____ dans mon pays natal tous les étés pour voir mes grands-parents.
❹ Les étudiants _____ dans la salle à 13 heures.

perdre

❶ Il _____ tout le temps son argent, lorsqu'il était jeune.
❷ Tu _____ toujours ton chemin.
❸ Nous _____ espoir.
❹ Les arbres _____ leurs feuilles.

2. Transformez les phrases comme dans l'exemple.

A. Écrivez ces phrases à la voix passive.

Exemple : *Le comptable tient les livres.* → *Les livres sont tenus par le comptable.*

❶ Les agents de police ont arrêté le voleur. → _____
❷ L'infirmière soignera le garçon malade. → _____
❸ L'architecte va dessiner les plans de maison. → _____
❹ Les agriculteurs cultivent la terre. → _____
❺ La serveuse apportait les tasses de café. → _____
❻ Le technicien dépanne l'ordinateur. → _____
❼ L'entrepreneur a bâti une usine. → _____
❽ Une voiture a renversé la fille. → _____
❾ Dans ce conte, le prince réveillera la princesse. → _____
❿ La vache produit le lait. → _____

B. Écrivez ces phrases à la voix active.

Exemple : *La souris est mangée par le chat.* → *Le chat mange la souris.*

❶ Le pain est fait par la boulangère. → _____
❷ Les malades ont été vaccinés par l'infirmière. → _____

❸ Les personnes âgées seront aidées par notre gouvernement. → _____

❹ Le café est offert par son ami. → _____

❺ Le mandarin est enseigné par des spécialistes. → _____

❻ Les enfants ont été cherchés par leurs mères. → _____

❼ La malade va être suivie par un médecin. → _____

❽ Cet étudiant a été chassé par la direction. → _____

❾ Un meilleur salaire est revendiqué par les employés. → _____

❿ Les demandes étaient étudiées par le directeur. → _____

C. Écrivez ces phrases à la voix passive et attention à « on ».

Exemple : *On engage un nouvel enseignant.* → *Un nouvel enseignant est engagé.*

❶ On prend un rendez-vous chez le dentiste. → _____

❷ On discutera un sujet d'actualité. → _____

❸ On a pétri la pâte. → _____

❹ On a prévenu les membres du comité. → _____

❺ On préparera un repas végétarien. → _____

❻ On servirait du champagne. → _____

❼ On a choisi une voiture française. → _____

❽ On suivra les directives. → _____

❾ On utilise de plus en plus l'ordinateur. → _____

❿ On modifierait les dates du colloque. → _____

3. Distinguez les verbes au passif par une croix.

Exemple : *Les petits se sont levés tôt ce matin.* ( )
Le panier est rempli par ma mère. (X)

❶ La méthode a été expliquée dans le manuel. ( )

❷ Des mesures étaient prises pour corriger la situation. ( )

❸ Le père est ravi des résultats de ses enfants. ( )

❹ Le professeur sera informé de la raison de leur absence. ( )

❺ Ces enfants sont valorisés par leur grand frère. ( )

❻ La ministre de l'Éducation est arrivée en retard. ( )

❼ Le directeur de l'Université est élu pour un mandat de cinq ans. ( )

❽ Le gagnant du concours sera choisi par les membres du comité. ( )

⑨ Les touristes sont passés par ici. ( )

⑩ Deux œuvres de Michel Tremblay ont été jouées dans plusieurs langues. ( )

4. Remplissez les trous.

A. Remplissez les trous avec « par » ou « de ».

❶ Les invitations seront envoyées _____ ma mère.

❷ Ce bouquet de fleurs est offert _____ mon copain.

❸ Les portes des maisons sont décorées _____ porte-bonheur, souvent d'un rouge éclatant.

❹ Les détails de la soirée étaient planifiés _____ lui ?

❺ Les bouteilles de vin étaient ouvertes _____ le serveur.

❻ Ce professeur est respecté _____ tous.

❼ Notre jardin était nettoyé _____ un voisin.

❽ Le sol est jonché _____ dormeurs, appesantis par l'ivresse.

❾ La princesse vivait dans un grand château, entouré _____ murailles.

❿ Le président a été élu _____ les membres du conseil.

B. Remplissez les trous avec « par », « pour », « à » ou « de ».

❶ Le musée est fermé _____ travaux.

❷ Calmez-vous, ça ne sert _____ rien _____ vous énerver.

❸ Le grand peintre est apprécié _____ tout le monde.

❹ Ces tableaux sont achetés _____ un homme mystérieux.

❺ Ils sont prêts _____ soutenir ce candidat.

❻ Je voudrais un livre _____ enfants.

❼ Le patron tarde _____ nous donner la réponse.

❽ L'employée renvoyée _____ le directeur n'a toujours pas retrouvé de travail.

❾ _____ retour chez moi, j'ai trouvé votre lettre.

❿ Elles le tiennent _____ honnête homme.

Vocabulaire et expressions

1. Mettez en ordre.

A. Mettez les lettres en ordre pour former un mot.

❶ n é i c d p a h a _____

❷ e t s r p o t r e _____

❸ p i o e g n c m a _____

❹ p e u l s r e x _____

❺ u h g e c t i _____

B. Mettez les mots en ordre pour former une phrase complète.

❶ au – informations. – Je – pour – une – moins – heure – passe – les – obtenir

_____

❷ se – cliente – contre – de – Une – réservation. – ce – plaint – système

_____

❸ par – indisciplinée – La – justice – compagnie. – passagère – poursuivie – est – la – en

_____

❹ n'a – cessé – Il – parler – au – téléphone. – de – bruyamment – pas

_____

❺ revenus – serions – siècle ? – 20ième – Nous – au – du – début

_____

C. Suite à un mouvement de grève à la SNCF, une femme (usager) ne peut pas prendre son train. Elle se plaint auprès d'un employé qui ne fait pas grève. Insérez ce que le passant a dit dans le bon endroit pour former un dialogue logique.

❶ ça ne va pas être possible.

❷ je suis là pour essayer de vous aider à trouver une solution !

❸ Je n'y suis pour rien madame !

❹ Mais ce n'est pas sûr ?

❺ Non, mais ce n'est pas vrai !

❻ Je ne devrais pas me mettre en colère comme ça.

❼ Il y en a ras le bol des grèves à répétition dans les transports en commun !

❽ J'y suis pour quelque chose peut-être ?

Usager :   _____ C'est encore la grève ?

Employé : Oui, madame, vous alliez où ?

Usager :   J'avais un train pour Lyon... Je dois être là-bas avant midi pour une réunion importante.

Employé : Je crois que ce matin, _____

Usager : Non, mais franchement, vous n'en avez pas marre à la SNCF ?

Employé : _____

Usager : Et moi ? _____ Non, mais franchement c'est incroyable. C'est toujours les usagers qui sont pris en otage avec vous. Si encore vous n'étiez jamais en retard, je ne dirais pas, mais quand même ! _____

Employé : Madame, je comprends votre colère... _____

Usager : Oh, mais je n'en ai pas après vous ! Vous êtes au travail en ce moment ! Non, c'est juste que c'est rageant de devoir toujours subir des mouvements de grève à répétition... _____ Excusez-moi. Alors, le prochain train pour Lyon ? C'est pour quand ?

Employé : D'après ce que je sais, celui de 13 heures sera bien au départ.

Usager : _____

Employé : Non, la situation est en train de dégénérer. D'après ce que je sais, ça risque de se durcir si la négociation de ce matin n'aboutit pas.

Usager : Alors, je fais comment moi ?

> **D. Madame Dubois est une fidèle cliente d'un restaurant trois étoiles. Un jour, elle a invité une amie à ce restaurant mais la soirée s'est très mal passée. Elle manifeste son mécontentement. Le gérant du restaurant décide de ne pas la laisser repartir mécontente. Insérez ce que l'on a dit dans le bon endroit pour former un dialogue logique.**

1 Je suis désolé pour ce contretemps...
2 Combien je vous dois ?
3 Et que dire du service !
4 Ce n'est pas digne d'un établissement comme le vôtre.
5 Ça a été madame ?
6 Je suis profondément déçue.

Gérant du restaurant : _____

Madame Dubois : Vous faites bien de me le demander ! Pas de table en arrivant alors que j'avais réservé ! _____

Gérant du restaurant : _____

Madame Dubois : Oui, enfin attendre pendant trente-cinq minutes debout dans le couloir !! C'est incroyable ! _____ Les plats étaient froids, on demande la viande saignante, elle était trop cuite. L'accompagnement était tout simplement trop salé...

Gérant du restaurant : Je comprends votre déception, laissez-nous vous offrir les apéritifs.

Madame Dubois : Vous vous rendez compte, j'avais invité une amie japonaise. Elle traverse la planète pour me rendre visite, je l'invite dans un trois étoiles pour lui montrer à quoi ressemble notre gastronomie... tout ce qu'on fait de mieux. Et le seul spectacle que j'aie à lui donner, c'est de devoir attendre debout dans le couloir et de manger froid ! _____ Oh!
_____ Si j'avais su, je l'aurais invitée chez moi. Au moins, on aurait passé une bonne soirée.

Gérant du restaurant : Je suis vraiment désolé.

Madame Dubois : Pas autant que moi. _____

Gérant du restaurant : Laissez. C'est pour nous.

Madame Dubois : Merci.

Gérant du restaurant : Au revoir madame.

2. Reliez une situation à une phrase appropriée.

❶ Yves a été bloqué dans un embouteillage. — Il est indigné.

❷ Yves a un examen demain. — Il est déçu.

❸ Le banquier d'Yves a détourné de l'argent. — Il est très amer.

❹ Yves travaille jour et nuit depuis une semaine. — Il s'ennuie.

❺ La copine d'Yves l'a quitté. — Il est choqué.

❻ Le voyage a été annulé à la dernière minute. — Il est stressé.

❼ Yves voit que ses collègues se disputent parfois bruyamment. — Il est à bout.

❽ La tante d'Yves l'invite au dîner, mais elle est assommante. — Il est énervé.

3. Chassez l'intrus.

❶	irrité	énervé	traumatisé	vexé
❷	scandaleux	peureux	inadmissible	insupportable
❸	mécontentement	indignation	colère	amertume
❹	absurde	superbe	génial	extraordinaire
❺	en avoir assez	en avoir marre	en avoir	en avoir ras-le-bol

4. Remplissez les trous en choisissant la bonne réponse.

Une cliente difficile

Directeur d'une agence de voyages, __①__ un jour à m'occuper d'une cliente particulièrement difficile. Elle projetait un déplacement __②__ famille, avec beaux-parents, mari, enfants et __③__ la nounou ! Pendant une demi-heure, j'ai cherché le meilleur rapport qualité-prix et __④__ par la convaincre de l'avantage du train avec un billet « famille », __⑤__ accordait, à l'époque, une réduction de 75% __⑥__ la troisième personne et avec la réduction « enfant ».

– __⑦__ de vous dire que nous avons également un chien !

– Après m'être __⑧__ préciser sa taille, je lui dis qu'il serait taxé à 50% d'un billet adulte plein tarif.

– Mais c'est absurde ! Cria-t-elle. Ne pouvez-vous pas inclure mon chien dans le cadre du billet famille ?

– C'en était trop. La __⑨__ droit dans les yeux, je lui lançai :

– Ce n'est pas impossible, madame, __⑩__ l'animal est indiqué sur votre livret de famille !

① A. j'étais obligé   B. je me suis assuré
   C. j'ai décidé   D. j'ai eu

② A. en   B. pour la
   C. au sein de la   D. sans

③ A. tout de même   B. elle-même
   C. même   D. de même

④ A. j'arrivai   B. je commençai
   C. je finis   D. j'avais la chance

⑤ A. qu'   B. qui
   C. où   D. auquel

⑥ A. depuis   B. y compris
   C. sauf   D. à partir de

⑦ A. j'ose   B. j'ai oublié
   C. je me charge   D. je compte

⑧ A. fait   B. décidé
   C. aperçus   D. souvenu

⑨ A. regardé   B. regardais
   C. regardant   D. voyant

⑩ A. si toutefois   B. comme si
   C. parce que   D. à moins que

Compréhension écrite

Lisez le texte et choisissez la bonne réponse.

Max et les dangers de la rue

« Max, dans la rue, toujours s'arrêter avant de traverser. Max, dans la rue, toujours regarder des deux côtés avant de traverser. » Cette chansonnette inaugure chacun des chapitres de la deuxième série d'épisodes d'un dessin animé diffusé à partir d'aujourd'hui sur France 3 et destiné à prévenir les enfants contre les dangers de la rue. La chaîne publique, en collaboration avec la prévention routière, se propose ainsi d'apprendre aux enfants de 3 à 5 ans – souvent inconscients et têtes en l'air – les règles que doivent respecter les piétons.

À l'aide de petites histoires de deux minutes trente, les concepteurs passent en revue les différentes situations dangereuses pour l'enfant et délivrent un message en guise de conclusion : « Il ne faut pas jouer au bord du trottoir », « La rue, c'est pas fait pour jouer », « Même si on est avec des copains, il ne faut pas jouer dans la rue ni sur les trottoirs » ou encore « Même quand le petit bonhomme est vert, je dois faire très attention en traversant. »

Le héros, Max, est le fil rouge de ce programme intitulé « Max dans la rue » et diffusé à 8 h 20. Avec ses amis Jérôme, Kevin et Julie, ou avec son père, il devient peu à peu un petit garçon conscient et raisonnable. Lorsqu'on sait qu'en 1996, parmi les jeunes enfants, ont été dénombrés 73 tués et 376 blessés graves dus aux accidents de la rue, il ne faut pas hésiter à coller nos enfants devant la télé.

❶ Qui est Max ?

    A. un petit garçon victime d'un grave accident

    B. le héros d'une émission de télévision

    C. un jeune spectateur passionné de télévision

    D. un policier à la sortie des écoles

❷ Quel est l'objectif de ce programme intitulé « Max dans la rue » ?

    A. amuser les enfants

    B. alerter les parents sur les conséquences des dangers de la rue

    C. proposer aux enfants d'apprendre à se protéger des dangers de la rue

    D. coller les enfants devant la télé

❸ Lequel des conseils n'est pas donné par ces émissions ?

    A. ne pas jouer près de la chaussée

    B. ne jamais jouer sur la chaussée

C. toujours regarder avant de traverser

D. traverser la rue sans regarder quand le feu est passé au vert pour les piétons

④ De ces quatre affirmations, une seule est vraie. Laquelle ?

A. L'émission « Max dans la rue » s'adresse plutôt aux piétons inconscients.

B. Max est le seul personnage de ce dessin animé.

C. Jérôme, Kevin, Julie et le père de Max ont été tués ou blessés aux accidents de la rue.

D. « Max dans la rue » passe chaque fois une scène dangereuse dans la rue avec une petite conclusion simple.

⑤ À votre avis, quelle est l'opinion des concepteurs de l'émission sur la télévision ?

A. Elle n'influence pas beaucoup les comportements des enfants.

B. Elle peut faire beaucoup dans le domaine de la prévention

C. Elle n'est pas un bon passe-temps pour les enfants.

D. Elle propose trop de dessins animés aux enfants.

Thème et version

1. Thème.

法国人也许是世界上最爱抱怨的民族。任何借口都可以拿来抱怨：交通阻塞、不太会沟通的上司、薪水太低、具有独特人格特质的同事、IT 系统又不灵了……有着不满意情绪的同事太多了。为什么会有这样的现象？最高大上的解释也许是出自他们的文化遗产方面。启蒙运动给他们留下深刻印记，使他们的理性尝试质疑一切。接下来的法国大革命又铸成了这种强大的抗议精神。

2. Version.

Le Français râleur : cette qualité que le monde nous envie

Râleurs, permanents insatisfaits, jamais contents, … sont les qualificatifs récurrents qui définissent le caractère des Français. OK, admettons. Mais, qui a dit que c'était un défaut ? Ces caractéristiques ne seraient-elles pas, au fond, un formidable moteur à l'innovation et donc la source originelle de beaucoup d'inventions élaborées par des Français dans le passé, le présent … et le futur ?

Les Français auraient-ils inventé le Concorde ou le TGV s'ils n'en avaient pas ras le bol de passer autant de temps dans les transports ?

Les Français auraient-ils inventé le parfum s'ils n'en avaient pas marre d'être insultés de gros cochons par les Anglais ?

13 Dur dur d'être... enfant

Grammaire et conjugaison

1. Conjuguez les verbes suivants.

A. Mettez les verbes au présent.

emmener

❶ Je _____ mon enfant au bureau.

❷ Le car les _____ au bord de la mer.

❸ Est-ce que vous _____ toujours un livre pour le voyage ?

❹ Nous _____ Benoît, notre petit fils, en vacances.

punir

❶ Je ne _____ pas mes enfants pour leurs bêtises.

❷ Sa mère le _____ de ne pas avoir réussi l'examen.

❸ Nous ne te _____ pas pour cela.

❹ Les lois _____ sévèrement les criminels.

joindre

❶ Tu _____ une pièce à ce dossier.

❷ L'amitié les _____.

❸ Nous _____ nos efforts pour être plus forts.

❹ Ces villageois _____ les mains et l'implorent.

B. Mettez les verbes au plus-que-parfait.

oublier

❶ Je _____ de lui dire au revoir avant de le quitter.

❷ Le chef _____ son nom dans la liste.

❸ Vous _____ de me prévenir.

❹ Les agents de police _____ leur travail.

<u>arriver</u>

❶ Julie, je t'ai téléphoné, mais tu _____ déjà.

❷ Cela m'_____.

❸ Nous _____ à la gare.

❹ Deux lettres lui _____ de Pékin.

2. Remplissez les trous.

A. Écrivez correctement l'adjectif « tout ».

❶ _____ le travail est terminé.

❷ Il a lu _____ les romans de Marc Lévy.

❸ _____ explication est superflue.

❹ _____ ces histoires sont fausses.

❺ _____ les enfants doivent rester silencieux.

❻ Avez-vous goûté _____ les desserts de ma mère ?

❼ Il va nager _____ les jours.

❽ En partant, cet homme a emporté _____ ses effets personnels.

❾ _____ vérité n'est pas bonne à dire.

❿ _____ les filles participeront au spectacle.

B. Écrivez correctement le pronom « tout ».

❶ Ces enfants ? Je les ai _____ rencontrés.

❷ Nous prenons soin de huit chats. _____ sont très gentils.

❸ J'ai trois sœurs. _____ sont ingénieurs.

❹ Tous nos amis sont contents. _____ sont contents.

❺ Elle vend toutes ses choses. Elle les vend _____.

❻ Je téléphonerai à tous mes proches. Je téléphonerai à _____.

❼ J'ai mangé _____ ce qu'il y avait dans le frigo.

❽ Les intervenants sont-ils présents ? Ils sont _____ présents.

❾ Tu as _____ oublié.

❿ Cette petite fille veut _____ comprendre.

C. Écrivez correctement l'adverbe « tout ».

❶ Elles sont _____ contentes de leur succès.

❷ Ses enfants sont _____ petits.

❸ Julie est rentrée _____ triste.

❹ Cette jeune femme, _____ honteuse, s'est évanouie.

❺ Les étudiants chantent _____ près de notre bureau.

❻ La mariée semble _____ heureuse de la journée.

❼ Les enfants ont eu peur. Ils sont _____ pâles.

❽ Ces feuilles _____ déchirées n'étaient plus lisibles.

❾ Juliette était _____ étourdie après avoir trop bu.

❿ Ma sœur est jolie. Elle porte sa robe _____ verte.

D. Complétez les phrases suivantes et dites si le mot « tout » est un adjectif, un pronom ou un adverbe.

❶ Ils dansaient depuis longtemps et _____ voulaient se reposer. _____

❷ Xavier passera _____ l'été au Japon. _____

❸ _____ les semaines, les enfants pratiquent une activité sportive. _____

❹ Julie a fermé la porte à _____ force et l'a brisée. _____

❺ Ma mère a couru et elle est _____ essoufflée. _____

❻ Fermez _____ les fenêtres et débranchez _____ les appareils. _____

❼ Elle était _____ heureuse et _____ satisfaite de son exploit. _____

❽ Vous lirez _____ les documents relatifs à la conférence de presse. _____

❾ _____ ont fait leur présentation orale et se sont assises. _____

❿ Il me téléphone _____ les soirs pour prendre de mes nouvelles. _____

⓫ Elles étaient _____ émues de rencontrer cet artiste. _____

⓬ À mon avis, cette femme aurait dû agir _____ autrement. _____

E. Choisissez le bon mot.

❶ Nous avons travaillé _____ la nuit.
A. tout   B. toute   C. tous   D. toutes

❷ _____ est facile, si on travaille bien.
A. Tout   B. Toute   C. Tous   D. Toutes

❸ Nous sommes _____ très contents de vous revoir.
A. tout   B. toute   C. tous   D. toutes

❹ Elle est _____ étonnée quand on lui annonce cette nouvelle.
A. tout   B. toute   C. tous   D. toutes

❺ Il a un visage _____ rouge.
A. tout   B. toute   C. tous   D. toutes

❻ A mon arrivée, Marie est _____ contente.
A. tout   B. toute   C. tous   D. toutes

7 Elles sont _____ honteuses.

    A. tout   B. toute   C. tous   D. toutes

8 _____ homme qui n'est jamais allé sur la Grande Muraille n'est pas un brave.

    A. Tout   B. Toute   C. Tous   D. Toutes

3. Mettez les verbes au plus-que-parfait.

A.

1 J' (choisir) _____ mon film préféré à l'âge de 10 ans.

2 Benoît (sortir) _____ avec Thérèse avant la fin de ses cours.

3 Thierry, tu (apprendre) _____ l'anglais avant ton arrivée à Anger, n'est-ce pas ?

4 Diane (tomber) _____ amoureuse avant la fin de la guerre.

5 À la rentrée, Luc et Fanny (acheter) _____ tous les livres scolaires.

6 Avant d'entrer à l'Université, mon frère (lire) _____ les grandes œuvres de la littérature française.

7 Gustave et moi, nous (monter) _____ dans le bus avant l'éclat des orages.

8 Charles, avant l'âge de 8 ans (se casser) _____ le bras plusieurs fois.

9 Notre professeur de français (ne jamais voir) _____ tant d'étudiants avant son arrivée à Beijing.

10 Vous (rater) _____ deux examens au début du semestre?

B.

1 La bonne nouvelle, c'était que j' (retrouver) _____ les cartes postales achetées en Bretagne cet été-là.

2 Mariam et moi leur (poser) _____ toutes sortes de questions.

3 La petite fille (être) _____ bien sage pendant son examen.

4 À ce moment-là, est-ce que vous (ouvrir) _____ la lettre envoyée par Christian ?

5 Les ministres de ce pays en guerre (revendre) _____ les secrets de leurs espions à prix d'or.

6 Cette année-là, beaucoup de monde (partir) _____ en vacances à l'étranger.

7 Les lièvres (se cacher) _____ dans les betteraves.

8 Les médecins (venir) _____ plusieurs fois au chevet du petit malade.

9 Chacun d'entre vous (remporter) _____ une victoire ce matin-là.

10 La veille, les ouvriers nous (peindre) _____ la porte en rouge.

4. Mettez les verbes entre parenthèses au temps du passé (passé composé, imparfait et plus-que-parfait) qui convient.

A. Thomas Jefferson

Thomas Jefferson, troisième président des États-Unis, (naître) _____ en 1743. Il (mourir) _____ à Monticello, près de Charlottesville, le 4 juillet 1826. Il (avoir) _____ 83 ans. Auteur de la Déclaration d'indépendance et ardent défenseur des droits de l'homme qu'il (respecter) _____ pendant toute sa vie, Jefferson (être) _____ considéré par ses contemporains comme un des plus grands juristes de son époque. Évidemment, ses contemporains, Jefferson les (respecter) _____ aussi.

Jefferson (connaître) _____ beaucoup de choses et parlait plusieurs langues qu'il (apprendre) _____ lorsqu'il était jeune. Ses études, bien sûr, Jefferson ne les faisait pas à l'Université de Virginie, car l'université (ne pas encore fonder, voix passive) _____ . À Monticello, Jefferson (jouer) _____ aussi de la musique, (écrire) _____ , (lire) _____ et (recevoir) _____ des amis comme Monrœ et Madison. Il (inventer) _____ de nombreuses machines incroyables dont une grosse horloge qui (pouvoir) _____ indiquer le jour de la semaine. Durant sa présidence, Jefferson a multiplié les réalisations : il (renforcer) _____ le pouvoir exécutif et il (exercer) _____ un contrôle attentif sur le Congrès des États-Unis. Peu de gens savent toutefois que Jefferson, avant d'être élu président, (servir) _____ comme ambassadeur des États-Unis en France et qu'il (retourner) _____ aux États-Unis tout juste avant la Révolution Française.

B. Des vacances à la mer

Chaque été, mon mari et moi, nous (avoir) _____ l'habitude de passer des vacances à la mer. Notre destination (être) _____ toujours le même endroit : le village d'Ogunquit dans le Maine aux États-Unis. Il y a quelques années, nous (découvrir) _____ là une charmante vieille maison centenaire qui (appartenir) _____ à trois hommes qui y (vivre) _____ avec leurs quatre chiens. Ce (être) _____ une maison très accueillante et on (pouvoir) _____ y réserver une chambre pour la semaine. L'année dernière, nous (recommencer) _____ cette expérience. Avant de partir, nous (se préparer) _____ . Nous (aller) _____ à la banque acheter de l'argent américain et nous (faire) _____ nos valises. Comme nous (vouloir) _____ faire un beau voyage, nous (devoir) _____ penser à ne rien oublier. Il (falloir) _____ six heures de route pour se rendre à cet endroit, mais il (faire) _____ beau et chaud et nous (avoir) _____ très hâte d'arriver. À notre arrivée, les hommes nous (accueillir) _____ chaleureusement et nous (parler) _____ avec eux pendant un moment. Puis, nous (monter) _____ à notre chambre. Nous (prendre) _____ une douche et nous (s'habiller) _____ pour aller manger. Au centre du village, certains commerces (disparaître) _____ et d'autres (être) _____ nouveaux. Le lendemain, et les autres jours après, nous (aller) _____ à la plage qui (être) _____ à deux minutes d'où nous (loger) _____ et nous (marcher) _____ sur le sable. Nous (se reposer) _____ toute la semaine avant de revenir à la maison.

Vocabulaire et expressions

1. Mettez en ordre.

A. Mettez les lettres en ordre pour former un mot.

❶ l f é o a f _____

❷ a r e d e g m n _____

❸ l o a y b r e i n c _____

❹ n a t i r n o g _____

❺ d v t e e e t _____

B. Mettez les mots en ordre pour former une phrase complète.

❶ surprise – de – la – voir – J'ai – paniqué. – un – eu – automobiliste – arriver

_____

❷ peut – incident – paraître – incroyable. – vous – Cet

_____

❸ être – ce – devez – qui – au – Vous – courant – de – passé. – s'est

_____

❹ Loïc – ont – Les – sur – amis – joindre – essayé – son – téléphone. – de

_____

❺ télé. – passe – la – fois – C'est – à – première – que – fois – je

_____

C. Insérez ce que la mère dit pour former un dialogue logique entre un enfant et sa mère sur l'école.

1 Qu'est-ce que cette histoire ?
2 Tu vas à l'école, un point c'est tout !
3 Mais c'est incroyable ces enfants !
4 Et alors ?
5 Pardon, tu peux répéter ?

L'enfant : Je ne veux pas aller à l'école.

La mère : _____

L'enfant : Je veux bien aller à l'école cet après-midi, mais pas ce matin.

La mère : _____ Qu'est-ce qu'il y a ce matin ?

L'enfant : Le cours de maths.

La mère : _____

L'enfant : Je déteste ce cours.

La mère : _____ Maintenant ils décident quand ils veulent aller à

          l'école ! _____

D. Insérez ce que l'enfant et son grand-père disent pour former un dialogue logique entre eux sur la nature.

1 Je ne comprends pas.
2 Qui a fait la nature ?
3 Grand-père c'est qui la nature ?
4 Tu sais qu'on vous parlera de cela sûrement à l'école.
5 c'est tout ce qui nous entoure.
6 Elle s'est faite d'elle-même.

L'enfant : _____

Le Grand-père : Ce n'est pas une personne. La nature, _____ C'est notre environnement, notre milieu, les êtres, les plantes, l'eau, les montagnes... font tous partie de cette nature.

L'enfant : Et c'est donc tout cela qui a fait l'homme bon.

Le Grand-père : hum... non ! Pas exactement...

L'enfant : _____

Le Grand-père : Moi non plus. Tout cela est tellement dur à expliquer et donc impossible de comprendre.

L'enfant : Grand père... _____

Le Grand-père : Personne ne l'a faite, cette nature. ＿＿＿＿＿＿＿＿＿＿

L'enfant :　　Cela veut dire quoi ? Comment quelque chose qui n'existe pas peut-elle se faire d'elle-même ?

Le Grand-père : ＿＿＿＿＿＿＿＿＿＿ D'après la science, elle s'est subitement formée il y a des millions d'années.

2. Reliez les adjectifs avec leur antonyme.

❶ affolé	ennuyeux
❷ sage	gracieux
❸ joyeux	superbe
❹ amusant	courageux
❺ distrait	déprimé
❻ ignorant	fier
❼ horrible	calme
❽ grossier	capricieux
❾ honteux	savant
❿ peureux	attentif

3. Chassez l'intrus.

❶	calme	tranquille	paisible	orgueilleux
❷	affolé	fatigué	paniqué	apeuré
❸	étonné	surpris	ému	stupéfié
❹	inutile	incroyable	fantastique	étonnant
❺	terrible	horrible	épouvantable	formidable

4. Choisissez les bons mots ou expressions pour remplir le texte.

Le voyage du « Petit Chose » à Paris

_____ ❶ je n'oublierai mon premier voyage à Paris en chemin de fer.

C'était dans les derniers jours de février, il faisait encore très _____ ❷. Au dehors, un ciel gris, le vent, de longues rangées de vignes mortes.

Le voyage a duré deux jours. Je _____ ❸ ces deux jours à la même place, immobile, la tête fixe et les dents serrées. Comme je n'avais pas d'argent ni de provisions (食物), je n'ai rien mangé de toute la route. Deux jours sans manger, c'est _____ ❹ ! Il me restait bien encore _____ ❺ de quarante sous, mais je la gardais pour le cas où en arrivant à Paris, je ne retrouverais pas mon frère à la gare. Le diable, c'est qu'autour de moi, on mangeait beaucoup dans le wagon. J'avais sous mes jambes un grand panier très lourd _____ ❻ mon voisin tirait à tout moment des provisions qu'il partageait avec sa dame. Le voisinage de ce panier m'a rendu très malheureux, surtout le second jour. Pourtant ce n'est pas la faim qui me _____ ❼ le plus en ce terrible voyage. J'_____ ❽ sans souliers et je n'avais _____ ❾ pieds que de petits caoutchoucs (胶鞋) fort minces. Très joli, le caoutchouc : mais l'hiver, en wagon... Que j'ai eu froid ! La nuit, quand tout le monde dormait, je prenais doucement mes pieds entre mes mains et je les tenais des heures entières pour essayer de les réchauffer.

Et bien ! _____ ❿ la faim qui me torturait (折磨), malgré ce froid cruel qui m'arrachait des larmes, j'étais bien _____ ⓫, et pour rien au monde je n'aurais cédé (让出) ma place : _____ ⓬ toutes ces souffrances, il y avait mon frère Jacques, il y avait Paris.

❶ A. Rien   B. Jamais   C. Plus   D. Pas
❷ A. chaud   B. froid   C. sec   D. humide
❸ A. ai mis   B. ai vis   C. ai fait   D. ai passé
❹ A. lent   B. vite   C. long   D. rapide
❺ A. un billet   B. une pièce   C. une monnaie   D. un franc
❻ A. y   B. d'où   C. en   D. où
❼ A. touchait   B. passionnait   C. tourmentait   D. intéressait
❽ A. suis parti   B. pars   C. serai parti   D. étais parti
❾ A. sur   B. sous   C. avec   D. aux
❿ A. Malgré   B. Car   C. Bien que   D. Parce que
⓫ A. heureux   B. triste   C. fatigué   D. souffert
⓬ A. dans   B. au cours de   C. au moment de D. au bout de

Compréhension écrite

Lisez le texte et cochez s'il est vrai (V) ou faux (F), puis ajoutez un titre.

_____

Hier papa nous a promis de nous promener en voiture s'il fait beau aujourd'hui. Ce matin, il a dit : « Oui, il fait beau ; allons donc dans la forêt ; nous allons faire le tour du lac. » Très contents, mon frère et moi, nous sommes montés dans la voiture ; papa a mis le moteur en marche ; et en route pour la forêt !

Notre voiture était une vieille auto, elle n'était pas rapide, elle était plutôt lente. Et papa dit toujours : « Je n'aime pas conduire comme un fou. Je ne veux pas écraser les chiens, ni les chats, ni les personnes qui vont à pied, à bicyclette ou à moto. »

Mais voilà qu'à mi-chemin, notre voiture s'est arrêtée : impossible de continuer notre route. Elle ne voulait ni avancer, ni reculer. Au début nous avons ri, parce que c'était drôle d'entendre papa crier, de le voir mettre sa tête dans le moteur, pousser la voiture, puis enlever les roues... Mais... ce n'est qu'au bout de deux heures que nous sommes repartis. Et savez-vous la cause de tout cela ? Notre auto n'avait plus d'essence.

① Papa a promené les enfants dans les champs.　　　　　　　　　( )
② Notre voiture n'était pas du tout neuve.　　　　　　　　　　( )
③ Papa aime conduire vite.　　　　　　　　　　　　　　　　( )
④ Papa a mis deux heures pour savoir ce qu'il était arrivé à notre voiture.　( )
⑤ Notre auto était en panne et nécessitait donc une réparation.　　( )

Thème et version

1. Thème.

> 儿子一生中的每个重要时刻，父亲都应该在场：做儿子的体育活动搭档，为儿子过生日，为他打开一个新世界，欢笑；这些都是父亲需要扮演的角色。父亲要接纳自己的儿子，全盘接受他的优点和缺点，向孩子表明爱意。谈论爱、分享和尊重他人，这也是父亲应该教儿子的内容之一。父亲的缺席将不可避免地导致孩子的缺失感和失衡。

2. Version.

La famille française est basée d'abord sur le couple, uni par le mariage civil et complété dans la plupart des cas par un mariage religieux. Le père, le « chef de famille » n'a pas entièrement perdu son autorité. La mère, surtout si elle est sans emploi, reste le centre et l'âme de la famille dont le principal souci sera de « bien élever les enfants ». Les parents entretiennent avec leurs enfants des rapports très étroits. La famille française est un milieu fermé. Les Français peuvent être considérés comme les gens les plus hospitaliers du monde, « pourvu que l'on ne veuille pas entrer chez eux », disait Daninos, écrivain et humoriste français.

Un goût de France

Grammaire et conjugaison

1. Conjuguez les verbes suivants.

A. Mettez les verbes au présent.

fuir

❶ Je _____ le danger.
❷ Mon stylo _____.
❸ Est-ce que vous _____ toujours devant vos responsabilités ?
❹ Les nuages _____.

B. Mettez les verbes au plus-que-parfait.

fuir

❶ Tu _____ ton pays.
❷ Le temps _____ avant qu'on ne s'en aperçoive.
❸ Nous _____ à son approche.
❹ Les ennemis _____ par là.

vouloir

❶ Tu _____ me quitter ?
❷ Le professeur _____ donner des cours d'anglais.
❸ Nous _____ abandonner ce projet.
❹ Les jeunes _____ travailler pour gagner leur liberté.

descendre

❶ Je _____ de l'avion.
❷ Émilie _____ de l'arbre.

3 Monsieur Dupont, vous _____ dans cet hôtel ?

4 Les ouvriers _____ dans la rue.

se lever

1 Je _____ avant mes enfants.

2 Sylvie _____ tard.

3 Gabriel et moi, nous _____ de bonne heure.

4 Les rideaux _____ .

2. Mettez les verbes entre parenthèses au temps du passé (passé composé, imparfait et plus-que-parfait) qui convient.

Chaque mercredi soir, les étudiants (avoir) _____ l'habitude de sortir à la Rotonde qui (être) _____ un bar étudiant qui (se situer) _____ sur le campus de l'université. Ces soirs-là, ce (être) _____ toujours une grande fête. Un mercredi soir, Matthieu et ses camarades de classe (arriver) _____ très tard au bar parce qu'ils (devoir) _____ étudier beaucoup pour l'examen du lendemain. Ils (faire) _____ les derniers devoirs et (réviser) _____ toutes les notes que leur professeur (donner) _____ . À leur arrivée, plus de deux cents étudiants (être) _____ présents. Certains (chanter) _____ , d'autres (prendre) _____ de la bière et (bavarder) _____ . Il y (avoir) _____ une véritable ambiance de fête ! Sans perdre une minute, Matthieu (commander) _____ quelque chose à boire. Ensuite, il (s'installer) _____ dans un coin avec des amis. Soudain, il (voir) _____ la jolie jeune fille qu'il (rencontrer) _____ la semaine avant. Il lui (parler) _____ et, comme elle le (trouver) _____ si gentil, elle (s'asseoir) _____ avec lui et ils (passer) _____ la soirée l'un à côté de l'autre à bavarder. Des mois plus tard, on (apprendre) _____ que ce soir-là, la vie de Matthieu (changer radicalement) _____ . Il (continuer) _____ de fréquenter cette fille qui (venir) _____ elle aussi de Bruxelles et, quelques années plus tard, ils (se marier) _____ . L'autre jour, il me (envoyer) _____ un courriel pour m'annoncer que leur premier bébé, un petit garçon, (naître) _____ un mois avant. On peut dire qu'il s'en passe des belles choses à l'École internationale de français !

3. Remplacez les mots soulignés par les infinitifs selon l'exemple.

Ex. : Avant <u>votre départ</u>, n'oubliez pas d'apporter le parapluie !
Avant de partir, n'oubliez pas d'apporter le parapluie !

① En été, j'aime <u>la lecture</u> sous un arbre.

_____

② On sent <u>l'arrivée</u> du printemps.

_____

③ Elle ne croit pas <u>qu'elle soit</u> gravement malade.

_____

④ Je pensais <u>que je vous avais prévenus</u> de l'heure du départ.

_____

⑤ Dis à Jacques <u>qu'il vienne</u> me voir. (+ de)

_____

⑥ <u>La respiration</u> de l'air pur est bon pour la santé.

_____

⑦ Que <u>ferais-je</u> ? À qui <u>je m'adresse</u> ?

_____

⑧ <u>La construction</u> du tunnel sous la Manche a été déjà finie depuis quelques années.

_____

4. Répondez aux questions avec les infinitifs.

Ex : Vous avez entendu le volcan qui grondait ? → Oui, je l'ai entendu gronder.
Non, je ne l'ai pas entendu gronder.

① Vous avez écouté les oiseaux qui chantaient ? → _____

② Tu as vu les enfants qui sont arrivés ? → _____

③ Ils ont senti la guerre qui se préparait ? → _____

④ Elles ont vu que vous êtes sorti ? → _____

⑤ Est-ce que tu as entendu Paul qui parlait dans la chambre à côté ? → _____

⑥ Ses parents ont fait travailler Michel ? → _____

5. **Utilisez des prépositions appropriées pour transformer les mots entre parenthèses en une construction infinitive pour compléter les phrases.**

❶ Il était étonné (voir / nous) _____.

❷ Ma sœur nous a priés (accompagner / son amie) _____.

❸ Camille a promis (appeler / nous) _____.

❹ Elle hésite (aller / au cinéma) _____.

❺ Nous avons oublié (prévenir / te) _____.

❻ Antoine nous invite (dîner) _____.

❼ Tu as répondu à cette question (réfléchir) _____. Et alors, tu as tort.

❽ Ils sont allés à la gare (prendre le train) _____.

6. **L'infinitif est partout ! Où peut-on entendre ces phrases ? Reliez.**

❶ Ne pas fumer.   Dans un parc.

❷ Frapper avant d'entrer.   Dans un train.

❸ Ne pas parler au conducteur.   Dans une station service.

❹ Attendre le signal sonore pour descendre.   Chez le médecin.

❺ Tenir les chiens en laisse.   Dans un bus.

7. **Corrigez les fautes s'il y a lieu.**

❶ Il a été licencié pour arriver trop souvent en retard.

❷ Après avoir exposé les causes, je proposerai quelques solutions.

❸ J'étais très déprimée après passé l'oral.

❹ Ils ne se souviennent pas d'y être allé.

❺ Ces populations sont convaincues d'avoir été abandonnées à leur sort.

❻ Je suis certain de n'avoir pas visité cette ville.

❼ Ils ont accepté ces mesures sans les avoir discuté.

Vocabulaire et expressions

1. Mettez en ordre.

A. Mettez les lettres en ordre pour former un mot.

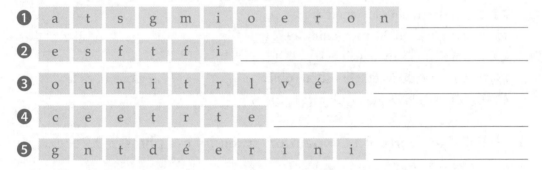

❶ a t s g m i o e r o n _____

❷ e s f t f i _____

❸ o u n i t r l v é o _____

❹ c e e t r t e _____

❺ g n t d é e r i n i _____

B. Mettez les mots en ordre pour former une phrase complète.

❶ personne – a – fève – La – roi. – qui – la – devient

_____

❷ la – pratique – tradition. – est – de – La – une – bonne – vieille – bouffe

_____

❸ à – font – très – Français – leur – Les – transmettre – attention – gastronomique. – héritage

_____

❹ bons – du – cuisiniers – Les – souvent – produits – utilisent – de – terroir.

_____

❺ du – de – famille – se – La – autour – table. – la – réunit – plaisir

_____

2. Remplacez les mots soulignés :

A. Par des noms d'action :

❶ ouvrir (   ) un nouveau magasin
❷ enlever (   ) un enfant
❸ réorganiser (   ) l'entreprise EDMAR
❹ surveiller (   ) un malade
❺ détruire (   ) la Bastille

B. Par des adjectifs :

1. le journal de l'école (　　　　　)
2. le problème des finances (　　　　)
3. l'esprit de la tradition (　　　)
4. la situation de l'économie (　　　)
5. le bureau de poste de la région (　　　　)

C. Par des noms de la même famille des adjectifs :

1. des lecteurs fidèles (　　　　) des lecteurs
2. un problème actuel (　　　　) du problème
3. une question difficile (　　　　) de la question
4. une presse multiple (　　　　) de la presse
5. un chanteur populaire (　　　　) du chanteur

3. Reliez les mots avec leur synonyme et leur antonyme.

	Mots	Syno	Anto
1	se dépêcher	aller souvent	rétrécir
2	gagner	réveiller	défavoriser
3	fréquenter	préférer	se ralentir
4	éveiller	se hâter	perdre
5	accroître	obtenir	éviter / fuir
6	favoriser	agrandir	endormir

4. Chassez l'intrus.

1	beaujolais	champagne	camembert	bordeaux
2	tarte	saucisse	crêpe	galette
3	beurre	croissant	baguette	bagel
4	cuire	frire	rôtir	ouvrir
5	tendre	moelleux	gourmand	juteux

5. Choisissez un verbe pour remplir le texte, mais il y a un verbe de plus.

> se balader • profiter • admirer • remonter • garder • déguster
> marcher • monter • boire • se déplacer • connaître • visiter

Pourquoi visiter Athènes?

Parce que c'est une ville passionnante et vivante.

Que faire à Athènes ?

_____ ❶ sur l'Acropole, une de sept merveilles du monde et _____ ❷ dans le temps.

_____ ❸ le nouveau musée de l'Acropole et les monuments historiques, et connaître une histoire millénaire.

_____ ❹ la ville moderne, _____ ❺ facilement en métro et découvrir tous les coins attrayants de la ville.

_____ ❻ du beau temps, _____ ❼ un café sur les terrasses de nombreux petits cafés et _____ ❽ un des fameux gâteaux au sirop.

Sortir le soir et prendre un pot dans les quartiers rénovés très animés.

_____ ❾ dans les ruelles pittoresques de Plaka, goûter les spécialités grecques dans des tavernes traditionnelles et les arroser d'ouzo et d'un vin grec réputé.

_____ ❿ sur les pas de grands philosophes et se promener dans l'Agora et à Pnyx, des lieux légendaires, berceaux de la démocratie.

Faire des excursions vers les îles proches.

Admirer les bâtiments classiques et néo-classiques comme le Parlement, la Bibliothèque Nationale, l'Académie, l'Université.

_____ ⓫ les Grecs, accueillants, amicaux et chaleureux.

6. Complétez le dialogue avec les mots ou expressions suivants.

> eau gazeuse • bon appétit • champignons • riz sauté • livrée

L'employé : Allô, Livraison Express, bonjour !

Clothilde : Bonjour, j'aimerais commander un plat pour ce soir. Que proposez-vous ?

L'employé : Nous avons du _____ ❶ .

Clothilde : Il est à quoi ?

L'employé : Nous en avons aux œufs, au jambon et aux _____ ❷ .

Clothilde : Je vais prendre les trois, s'il vous plaît.

L'employé : Très bien. Vous voulez également une boisson ?

Clothilde : Oui, j'aimerais deux litres de _____ ❸ .

L'employé : Rappelez-moi votre adresse, madame...

Clothilde : C'est le 4, rue du Four, à Paris, dans le sixième, au dernier étage, porte droite.

L'employé : Bien, vous serez _____ **4** _____ dans 40 minutes, _____ **5** _____ !

Compréhension écrite

Lisez le texte et cochez s'il est vrai (V) ou faux (F), puis ajoutez un titre.

_____

Lyon est une des villes de France où l'on mange le mieux. On l'appelle quelquefois « la capitale des gastronomes » parce qu'il y a toujours eu à Lyon une culture de la table, une tradition gastronomique.

Vers les années 1930 il y avait entre autres un restaurant très célèbre tenu par la Mère Brizoit, une grande dame de la cuisine lyonnaise. On venait de loin pour manger chez elle. Maintenant la mère Brizoit est morte depuis longtemps mais une tradition existe dans sa famille. Sa fille a pris la suite, puis sa petite-fille. Cette dernière tient actuellement à Lyon un restaurant tout aussi célèbre que celui de sa grand-mère. C'est elle qui est « le Cordon bleu ». C'est un grand compliment. Cela veut dire tout simplement qu'elle est une cuisinière très habile, une cuisinière de haut niveau.

À côté des restaurants aussi fameux, il existe à Lyon une bonne quantité de restaurants plus petits. La cuisine y est aussi délicieuse mais la tradition est un peu différente : on les appelle « les bouchons » dont le nom vient du « bouchon » de paille qui annonçait un cabaret. Cette appellation est unique pour cette ville. Dans d'autres villes, on dit plutôt des « petits restaurants ». Dans un bouchon, la cuisinière cordon-bleu apporte en général elle-même le plat sur la table recouverte souvent d'une nappe à carreaux rouges et blancs. Les menus sont différents. On mangera plus facilement un saucisson truffé, une saucisse aux lentilles avec un bon vin bien rouge du Beaujolais voisin ou un gâteau de foie de volaille.

1 Lyon a perdu sa tradition de la « bonne bouffe ».　　　　　　　　　　(　)

2 Le Cordon bleu signifie que c'est un cuisinier ou une cuisinière habile et extraordinaire.　　　　　　　　　　　　　　　　　　　　　　　　　　　　(　)

3 Le Cordon bleu n'apporte jamais le plat sur la table parce que c'est le travail du serveur.　　　　　　　　　　　　　　　　　　　　　　　　　　　　(　)

④ À Paris, on appelle aussi les petits restaurants « les bouchons ». ( )

⑤ Les menus dans « les bouchons » sont différents mais la cuisine est aussi délicieuse. ( )

Thème et version

1. Thème.

中国菜深受每个人的喜爱。中国有许多口味各异的菜肴，其中8大菜系最具影响力和代表性，分别是鲁菜、川菜、粤菜、闽菜、苏菜、浙菜、湘菜和徽菜。中国人分享所有的菜肴，这些菜通常一起上桌。中国人用筷子或中式木勺吃饭。餐桌具有社交特色，它是圆形的，有时上面还有放菜的转盘。所有的菜都一盘接一盘地送到桌上。因此，人们可以自由选择，比方说先吃甜食，再喝汤。桌上不能有刀。所有的食物都在厨房里切好了。

2. Version.

Le repas gastronomique des Français est une pratique sociale coutumière destinée à célébrer les moments les plus importants de la vie des individus et des groupes, tels que naissances, mariages, anniversaires, succès et retrouvailles. Il s'agit d'un repas festif dont les convives pratiquent, pour cette occasion, l'art du « bien manger » et du « bien boire ». Le repas gastronomique met l'accent sur le fait d'être bien ensemble, le plaisir du goût, l'harmonie entre l'être humain et les productions de la nature. Le repas gastronomique à la française doit respecter un schéma bien arrêté : il commence par un apéritif et se termine par un digestif, avec entre les deux au moins quatre plats, à savoir une entrée, du poisson ou de la viande avec des légumes, du fromage et un dessert. Le repas gastronomique resserre le cercle familial et amical et, plus généralement, renforce les liens sociaux.

Test final

1. Mettez l'adjectif à sa place et faites l'accord. (5 points)

1 (normal, quotidien) C'est une chose dans la vie.

2 (beau) Voici des fleurs.

3 (neuf) C'est une chemise.

4 (marié) Ce sont des femmes.

5 (libre) Il y a une place à côté de moi.

6 (fou) C'est une idée.

7 (normand, vieux) Vous connaissez cet ouvrier ?

8 (nouveau) Julien a trouvé un appartement.

2. Complétez les phrases avec « tout », « toute », « tous » ou « toutes ». (5 points)

1 _____ est facile, si on travaille bien.

2 Répondez à _____ les questions du professeur.

3 _____ les facteurs sont dans le bureau de poste ce matin.

4 À mon arrivée, Marie est _____ contente.

5 Elles ont _____ un vélo.

6 Elle est _____ heureuse de me voir.

7 Pierre aide ses amis de _____ cœur.

8 Il a passé _____ une semaine à lire ce roman.

9 Mes parents ont des cheveux _____ blancs.

10 La porte est _____ près de l'école.

3. Posez des questions sur les mots soulignés. (10 points)

1 Il est <u>médecin</u>. _____ .

2 Cette carte est à <u>moi</u>. _____ .

❸ Il y a de petits cadeaux dans ce sac. _____.

❹ Pierre a écrit la lettre avec ce stylo. _____.

❺ Je suis content d'elle. _____.

❻ Ils ont parlé de cette histoire. _____.

❼ Ma mère s'occupe de l'enfant à la maison. _____.

❽ Madeleine pense toujours à ses parents. _____.

❾ On travaille pour ces enfants. _____.

❿ Elles sont venues de Paris. _____.

4. Répondez aux questions suivantes avec des pronoms appropriés. (10 points)

❶ Vos amis vous ont apporté des cadeaux ?

Oui, _____.

❷ Tu as parlé de ton voyage à Lucie ?

Oui, _____.

❸ Vous êtes allés au Palais d'été ?

Oui, _____.

❹ Vous avez prêté les cassettes aux étudiants ?

Non, _____.

❺ Tu penses souvent à tes parents ?

Oui, _____.

❻ D'où vient-elle, de Shanghai ?

Non, _____.

❼ Est-ce que le professeur a raconté cette histoire aux élèves ?

Oui, _____.

❽ Il t'a donné des renseignements ?

Non, _____.

❾ Le professeur est-il content de ses étudiants ?

Oui, _____.

❿ Tu vas rendre ce livre à Catherine ?

Non, _____.

5. Répondez aux questions suivantes avec des phrases impératives et en employant deux pronoms personnels. (10 points)

1 Je vais apporter ces pommes à Pascal ?

Oui, _____ .

2 Vous allez à l'Institut des Langues ? Je vous montre le chemin.

Oui, _____ .

3 Nous rendons la voiture aux Dupont ?

Oui, _____ .

4 Nous devons passer ces dessins aux professeurs ?

Oui, _____ .

5 Je te parle de la France maintenant ?

Non, _____ .

6 Nous allons mettre ces portraits dans la grande salle ?

Oui, _____ .

7 Toi et moi, nous racontons cette histoire à nos camarades ?

Non, _____ .

8 Je t'explique la leçon 19 ?

Oui, _____ .

9 Voulez-vous du vin ? Je vous en donne un peu ?

Oui, _____ .

10 Je peux montrer des photos à notre directeur ?

Oui, _____ .

6. Remplissez les phrases avec une préposition appropriée s'il le faut. (10 points)

1 Vous êtes venus _____ avance.

2 Ce pays plaît _____ nos camarades.

3 Est-ce que Catherine a prévenu _____ ses parents _____ son arrivée ?

4 _____ les vacances d'hiver, j'ai lu le français chaque jour _____ une demi-heure.

5 Nous étudions le français _____ déjà quatre mois.

6 Avez-vous déjà répondu _____ leurs questions ?

7 J'ai invité mes anciens camarades _____ dîner au restaurant _____ la Fête du printemps.

7. Complétez les phrases avec l'expression qui convient. (10 points)

❶ le long de, au bord de

Voulez-vous faire une promenade avec moi _____ cette rue ?

Mes amis passent toujours leurs vacances _____ la mer.

❷ connaître, savoir

Notre professeur va partir pour la France, est-ce que tu le _____ ?

Je vais voyager à Suzhou, est-ce que tu _____ cette ville ?

❸ rendre visite à, visiter

J'aime bien _____ la ville de Paris.

Pendant les vacances, je voudrais bien _____ mes professeurs.

❹ falloir, devoir

Il nous _____ partir tout de suite.

Il _____ nous téléphoner quand il est à Paris.

❺ fatigué, fatigant

Est-ce que tu es _____ ?

Oh, c'est un enfant très _____.

8. Mettez les verbes entre parenthèses aux temps appropriés. (10 points)

❶ S'il (faire) _____ beau demain, nous irons à la Grande Muraille.

❷ Quand elle (être) _____ petite, ses parents (travailler) _____ à la campagne.

❸ Je (croire) _____ qu'il (pleuvoir) _____ demain.

❹ La sœur de Michel (venir) _____ hier. Michel et moi, nous (aller) _____ à la gare pour l'accueillir. Quand le train (entrer) _____ en gare, il (être) _____ déjà sept heures du soir.

❺ Comme je (être) _____ occupée hier, je (ne pas pouvoir) _____ sortir. Mais le professeur nous (demander) _____ d'acheter un dictionnaire de français, je (aller) _____ à la librairie demain. Je (espérer) _____ qu'il (faire) _____ beau demain.

❻ Hier, il me (téléphoner) _____ pour me dire qu'il (recevoir) _____ une lettre importante.

❼ Ils (retourner) _____ à l'école dans une semaine.

❽ Il est allé au cinéma, car il (finir déjà) _____ son travail.

9. Remplacez le trou avec un mot qui convient. (10 points)

❶ Cette voiture roule _____ vite que _____ de Paul.

❷ J'ai acheté deux dictionnaires, _____ est pour toi, _____ est pour moi.

❸ Cette chambre est _____ propre que _____ qui se trouve au fond du couloir.

❹ Marie est la _____ étudiante de la classe, parce qu'elle a la note la _____ élevée _____ toute la classe.

❺ Ce roman est plus intéressant que _____ que tu as lu hier.

10. Reliez les phrases par un pronom relatif qui convient. (5 points)

❶ Cette bicyclette n'est pas à moi. Elle l'a empruntée dimanche dernier.

❷ Les étudiants ont beaucoup travaillé. Ils feront des progrès.

❸ Ces photos sont bien réussies. Vous avez pris ces photos en France.

❹ Il a déjà pris des médicaments. Le médecin lui a donné ces médicaments.

❺ Ce film est intéressant. Il a été tourné par un célèbre metteur en scène.

11. Version. (15 points)

Les grandes surfaces

Les grandes surfaces (supermarchés, hypermarchés) connaissent un succès de plus en plus grand depuis les années 50. En effet, la population a beaucoup augmenté, la vie a changé, et le commerce doit en tenir compte.

Le centre des villes est souvent bloqué par la circulation : les rues y sont étroites et on ne se gare pas facilement. Beaucoup de gens préfèrent donc les grandes surfaces, situées souvent en dehors des villes, et qui prévoient des parkings pour leurs clients.

D'autre part, 53.2% des femmes de 25 à 55 ans travaillent; elles ont donc peu de temps pour faire leurs courses. Or dans les grandes surfaces, on trouve tout, et très rapidement. Sur les rayons, la plupart des produits sont déjà enveloppés dans des sacs en plastique. On peut choisir tranquillement.

Enfin, le niveau de vie des Français a augmenté; la plupart des familles, qui possèdent une voiture et un réfrigérateur, peuvent donc faire des provisions pour une longue durée.

Pourtant, les grandes surfaces ne peuvent remplacer les petits commerçants : on oublie toujours quelque chose quand on fait ses achats. Et l'épicier qui est tout près de chez vous peut vous aider. Et puis, avec lui, vous pouvez bavarder sans vous presser.

Corrigés et Transcriptions

Les vacances se sont-elles bien passées ?

Grammaire et conjugaison

1 **crier** ❶ crie ❷ crie ❸ crient ❹ crions

rire ❶ ris ❷ rit ❸ rions ❹ rient

se rendre ❶ me suis rendu(e) ❷ s'est rendue

❸ vous êtes rendu(e, s, es) ❹ nous sommes rendus(es)

s'occuper ❶ me suis occupé(e) ❷ s'est occupée

❸ nous sommes occupés(es) ❹ ne se sont pas occupées

2 **A** ❶ Hier aussi, je me suis regardé(e) dans la glace.

❷ Hier aussi, je me suis couché(e) tard.

❸ Hier aussi, elle s'est reposée.

❹ Hier aussi, elle s'est préparée en avance.

❺ Hier aussi, nous nous sommes réveillés(es) tard.

❻ Hier aussi, il s'est lavé.

❼ Hier aussi, nous nous sommes promenés(es) dans le jardin.

❽ Hier aussi, elle s'est occupée de moi.

B ❶ Hier aussi, je suis allé(e) à l'école.

❷ Hier aussi, je suis parti(e) à 7 heures.

❸ Hier aussi, il est resté chez lui.

❹ Hier aussi, nous sommes venus(es) chez vous.

❺ Hier aussi, vous êtes arrivé(e, s, es) tôt.

❻ Hier aussi, elles sont passées à la banque.

❼ Hier aussi, je suis descendu(e) de la montagne.

❽ Hier aussi, elle est sortie.

❾ Hier aussi, elle est entrée dans le magasin.

❿ Hier aussi, nous sommes arrivés(es) à l'heure.

C   **1** Mais hier, je n'ai pas fait d'enquête.

       2 Mais hier, je n'ai pas appris ma leçon.

       3 Mais hier, vous n'avez pas téléphoné à Jacques.

       4 Mais hier, elle n'a pas fait le ménage.

       5 Mais hier, elle n'a pas vu ses amis.

       6 Mais hier, je n'ai pas travaillé.

       7 Mais hier, il n'a pas dîné au restaurant.

       8 Mais hier, nous n'avons pas regardé la télévision.

       9 Mais hier, elle n'a pas lu ce roman.

       10 Mais hier, elle n'a pas fini ses exercices à l'école.

3   m'ont invité ; leur ai d'abord dit ; suis allé ; l'ai rencontrée ; me lui a présenté ; ai compris ; avons passé ; avons décidé ; a parlé ; a demandé ; a décidé

4   A A D C A B C A

Vocabulaire et expressions

1   A   **1** événement   **2** beauté   **3** pelouse   **4** ballon   **5** bénévole

      B   **1** Des artistes sont venus pour chanter et danser.

           2 Les enfants ont lancé des ballons dans le ciel.

           3 Des bénévoles ont travaillé pour offrir ce beau cadeau.

           4 On a fait des randonnées et du vélo.

           5 Mes vacances ont été très courtes.

      C   **6** **3** **2** **5** **4** **1**

      D   **1** **5** **4** **6** **3** **2** **7**

2   A   **Prépositions :**   **3** pendant   **6** chez   **7** entre   **10** dans

           Adverbes :   **1** alors   **2** aussi   **4** beaucoup   **5** bien

           8 jamais   **9** debout

      B   **Noms :**   **2** monument   **3** contentement   **4** département

           6 événement   **9** appartement

           Adverbes :   **1** heureusement   **5** spécialement   **7** énormément

           8 particulièrement   **10** amoureusement

C　　**À la mer :**　　❶ se baigner　　❸ faire de la nage

❹ se promener sur la plage　　❻ faire des châteaux de sable

❿ faire de la planche à voile

　À la montagne :　　❷ faire de la randonnée　　❺ faire du parapente

❼ faire de la chasse　　❽ cueillir des fleurs　　❾ faire du VTT

3　❶ laideur　❷ petit　❸ ordinaire　❹ tristesse　❺ passif　❻ échouer

❼ perdre　❽ pleurer　❾ commencement　❿ mauvais

4　❶ ces vacances　❷ des photos　❸ rêver　❹ la plage　❺ soleil

❻ magnifique　❼ petites　❽ blanches　❾ voitures　❿ prochaine

Compréhension écrite

C A A B B

Thème et version

1　Hier matin, j'ai commencé à travailler à 8 h. J'ai lu mes livres jusqu'à 10 h et demie. À midi, j'ai mangé au restaurant universitaire et après j'ai travaillé dans la bibliothèque. Le soir, à 8 h et demie, j'ai vu un film avec trois amis. Après nous avons dansé jusqu'à minuit. Ce matin, j'ai dormi jusqu'à 9 h. Après une douche, j'ai pris un café et j'ai fait le magasin pour acheter une robe pour Marie. C'est son anniversaire aujourd'hui. À 13 h, j'ai déjeuné avec Marie et je lui ai donné son cadeau. À 16 h, je l'ai quittée pour rentrer chez moi.

2　5 月 14 日，21 点

假期!

不需要准备晚餐，没有丈夫和孩子的打扰，真是太棒了!

昨天，我躺在床上读了一整个下午的书! 我没有做家务，没有去采购……

昨天晚上，我去沙滩附近的小饭店吃晚饭，然后今天早上，我睡到了 10 点半……

今天下午，我 3 点出宾馆，然后去沙滩上散步，无须做其他事情！
尼斯真是太美好了！

Séquence

2

Je me souviens...

Grammaire et conjugaison

1　**A**　**battre**　**1** ai battu　**2** a battu　**3** avons battu　**4** avez battu

　　　　découvrir　**1** ai découvert　**2** as découvert　**3** a découvert

　　　　4 avons découvert

　　B　**se rapprocher**　**1** me rapprochais　**2** se rapprochait

　　　　3 nous rapprochions　**4** se rapprochaient

　　　　échanger　**1** échangeais　**2** échangeait　**3** échangions

　　　　4 échangeaient

2　**A**　**1** Non, elle est déjà sortie.

　　　　2 Non, j'ai déjà fait mes exercices.

　　　　3 Non, ils sont déjà sortis.

　　　　4 Non, j'ai déjà laissé mes livres à mes camarades.

　　　　5 Non, j'ai déjà pris le déjeuner.

　　　　6 Non, elles ont déjà vu leur professeur.

　　　　7 Non, j'ai déjà essayé cette robe.

　　　　8 Non, nous avons déjà passé nos examens.

　　　　9 Non, il est déjà allé chez ses parents.

　　　　10 Non, elle est déjà rentrée.

　　B　**1** Hier aussi, Lisa a eu un examen de français et elle était inquiète.

　　　　2 Hier aussi, je suis allé passer la journée au parc parce qu'il faisait

　　　　beau.

③ Hier matin aussi, ils ont bu un litre de café pendant que leurs enfants jouaient.

④ Samedi dernier aussi, tu es venu en train parce que tu voulais éviter les embouteillages.

⑤ Hier matin aussi, ils ont fait des exercices parce qu'ils devaient passer un test l'après-midi.

⑥ Hier aussi, vous avez pris le métro parce que vous étiez pressé.

⑦ Hier aussi, il est resté à la maison parce qu'il pleuvait.

⑧ Hier aussi, il est allé au travail très tôt parce qu'il avait une réunion importante.

⑨ Hier aussi, nous avons beaucoup mangé parce que nous avions très faim.

⑩ Hier aussi, elle a révisé ses leçons à la bibliothèque parce qu'elle avait un examen.

3 **A** ① êtes parti(e, s, es), aviez ② vous êtes mis(e, es), aviez
③ est venue, était ④ est arrivé, pleuvait ⑤ es entré, parlait
⑥ a commencé, mangeait ⑦ avez fini, étiez ⑧ est sortie, regardait
⑨ se sont couchées, faisait ⑩ j'ai rencontré, était

B se réveillait, restait, se levait, était, prenait, s'habillait, prenait, lisait, écoutait, s'occupait, se préparait, se brossait, se maquillait, mettait, partait, sortait, prenait, travaillait, allait, se promenait, rentrait, faisait, parlait, rentrait, vivait, n'avait pas, était, mangeait, faisait, téléphonait, se démaquillait, prenait, restait, se séchait, se couchait, lisait, s'endormait

C avait, portait, adorait, était, allait, trouvait, a dû, a, porte, est devenue, adore

D était, lisait, étudiait, allait, était, aimait, allait, était, ne se maquillait pas, ne fumait pas, avait, s'en occupait, rentrait, a changé, a rencontré, est tombée, était, était, avait, était, parlait, était, est partie, ont eu, a commencé, est devenu, se sont séparés, habite, est, ne voit plus, se maquille, fume, se maquille, se déplace, est devenue, passe

4 ①–⑤ D D C A C ⑥–⑩ B D A B D

Vocabulaire et expressions

1 **A** **1** nostalgie **2** location **3** bateau **4** douceur **5** prévenant

B **1** J'étais amoureuse de lui à cette époque.

2 Je suis tombé amoureux d'elle tout de suite.

3 Nous nous sommes rencontrés dans une soirée.

4 C'est une fille ravissante et irrésistible.

5 Nous nous sommes échangé un regard profond.

C **8** **6** **5** **1** **3** **2** **4** **7** **9** **10**

2 **A** **Termes mélioratifs** **1** beau **2** agréable **3** cultivé

4 élégant **7** aimable **8** adorable

Termes péjoratifs **5** laid **6** mauvais **9** incorrect

10 désagréable

B **Qualités** poli, courtois, drôle, intelligent, réaliste, compétent

Défauts timide, grossier, exigeant, pessimiste

3 **1** égoïste **2** désordonné **3** superficiel **4** menteur **5** détestable

6 violent **7** difficile **8** paresseux **9** indiscret **10** passif

4 **1** dernières **2** les rues **3** une journée **4** visiter **5** Malheureusement

6 déçu **7** Heureusement **8** bleu **9** en terrasse **10** retourner

Compréhension écrite

1 A C B A C

2 **1** Il vient de Boston.

2 Parce que le style de vie français lui plaît beaucoup.

3 Parce que ça coûte cher et il n'a pas beaucoup de temps à cause de son travail.

4 Ils vont boire de la bière et ils parlent de tout et de rien, du travail, des filles, du sport, etc.

5 Parce que pour lui, un peu de solitude, c'est bien. Il n'a pas besoin de dire quelque chose sur le film, et il peut continuer à penser au film et rêver en marchant dans les rues de Paris.

Thème et version

1 Elle s'appelle Nathalie, elle est une étudiante travailleuse. Elle mesure 1 m 73 et elle a les yeux verts et les cheveux longs, c'est une femme irrésistible. Elle sait parler français et japonais, elle aime voyager et faire des promenades. Je suis tombé amoureux d'elle quand je l'ai rencontrée pour la première fois.

2 埃洛迪是一个总是精力充沛的女孩。她慷慨大方、热情，总是很开朗。她是一个很好玩、很有趣的女孩，一个值得信任的姑娘。然而，她有一个小缺点，她不是很有条理。

与她相反，阿尼莎是一个非常有条理的女人。她很严肃，也许有点太严肃了。她的工作和家庭总是被安排得井井有条。她是一个脚踏实地、聪明、非常能干的女人。她的主要缺点是有点悲观。

西尔万很懒惰。他不喜欢工作，他工作的时候毫无条理，他不认真，人们不能指望他。但他是一个诚实、善良的男孩。他很有趣，但有时又有点粗鲁。

阿德琳很浪漫。她是个害羞的女孩，她有点忧郁，从不搞笑。她诚实、有礼貌，有点过于乖巧，因此让人觉得有些无聊。

Séquence 3

Il y aura une tempête...

Grammaire et conjugaison

1   **A**   **pouvoir**   **1** pouvais   **2** pouvait   **3** pouvions   **4** pouvaient

réunir ① réunissais ② réunissait ③ réunissions
④ réunissaient

B **balayer** ① balaierai/balayerai ② balaieras/balayeras
③ balaiera/balayera ④ balaieront/balayeront

comprendre ① comprendrai ② comprendra
③ comprendrons ④ comprendront

2 A ① Non, mais je les ferai la semaine prochaine. / Non, mais nous les ferons la semaine prochaine

② Non, mais il lui téléphonera la semaine prochaine.

③ Non, mais elle les invitera la semaine prochaine.

④ Non, mais ils partiront la semaine prochaine.

⑤ Non, mais je les verrai la semaine prochaine.

⑥ Non, mais elles se rencontreront la semaine prochaine.

⑦ Non, mais il reviendra la semaine prochaine ?

⑧ Non, mais on le passera la semaine prochaine.

⑨ Non, mais j'irai chez eux la semaine prochaine.

⑩ Non, mais je lui apporterai les documents la semaine prochaine.

B ① S'il ne fait pas beau, on restera à la maison.

② Si vous venez dimanche, vous verrez Luc.

③ Si vous ne venez pas dimanche, vous ne verrez personne.

④ Si vous aimez rire, vous aimerez ce film.

⑤ Si Paul parle beaucoup pendant son voyage, il fera des progrès.

⑥ S'il vient, je partirai demain.

⑦ Si tu as de l'argent, qu'est-ce que tu feras ?

⑧ Si elle est en retard, il ne sera pas content.

⑨ Si j'ai du temps, je passerai chez vous.

⑩ S'ils ne vont pas au cinéma ce soir, ils regarderont la télé à la maison.

C ① Le restaurant où on a mangé samedi dernier était bien sympa.

② La ville où je travaille est belle le soir.

③ Je ne retrouve pas la salle où on mange.

④ La plage où nous sommes allés est très polluée.

⑤ Nous avons passé les vacances dans le village où je suis née.

6 Voici la pièce où nous avons été tout à l'heure.

7 Il est parti le jour où il s'est mis à faire du soleil.

8 Le jour où je suis arrivé il n'y avait pas tant de monde ici.

9 L'endroit où je me trouve est calme.

10 J'irai là où il y a toujours du soleil.

3 **A** **1** qui **2** que **3** que **4** que **5** qui **6** qui **7** que

8 qui **9** qui **10** que

B **1** irai **2** viendra **3** regarderas **4** pleuvra **5** recevrez

6 enverra **7** visiterons **8** ferons **9** vaudra **10** seront

C partira ; fera ; prendra ; partira ; voyagera ; visitera ; ira ; voyagera ;

ira ; goûtera ; parlera ; ira ; sera ; rentrera ; trouvera ; travaillera ;

créera ; aura ; sera ; achètera ; se mariera ; pourra

D que ; où ; qui ; où ; qui ; qui ; où ; qui

Vocabulaire et expressions

1 **A** **1** moitié **2** bouquet **3** traverser **4** blanchir **5** violent

B **1** Le soleil brillera presque partout en France.

2 La moitié nord restera sous la pluie.

3 Les températures seront proches de zéro.

4 Le beau temps reviendra sur toute la France.

5 Il y aura quelques orages en fin de soirée.

C **6** **3** **10** **1** **2** **4** **9** **7** **8** **5**

D **1** **9** **12** **11** **10** **7** **2** **3** **4** **13** **6** **5** **8** **14**

2 **1** une prévision **2** une amélioration **3** un balayage **4** une visite

5 un blanchissage **6** un arrêt **7** une économie **8** un encouragement

9 une compréhension **10** une découverte

3 **1** fatigué **2** ennuyeuse **3** envie **4** tôt **5** la maison **6** le garage

7 Surprise **8** son anniversaire

Compréhension écrite

1   Vrai   **10**

Faux   **1** **2** **3** **4** **5** **6** **7** **8** **9**

2   **1** Il y a des orages   **2** Il fait 5 degrés.   **3** Oui, il y a du soleil.

4 À Paris, 9 degrés cet après-midi.   **5** À Montpellier, 13 dans la matinée.

Thème et version

1   La météo annonce qu'il y aura du soleil toute la semaine ! J'irai donc passer le week-end à la mer. Je pense que toute la famille viendra avec moi : ma femme, mes enfants, mes beaux-parents… On fera des promenades sur la plage, on se baignera dans la mer et on mangera dans les restaurants au bord de la mer. Ce sera vraiment super ! Je suis certain qu'on passera un beau moment.

2   冬天，在法国南部，天空蔚蓝，阳光明媚，天气温和。在东南部的阿尔卑斯山，天气严寒，经常下雪，而且天空往往乌云密布。在北部和东部，天气寒冷多云。经常下雨或下雪。这些地区的冬天不是很宜人。

在春季，法国大多数地区气候温和。经常下雨，尤其是在法国西部和中部。

夏天，全国的天气都不错。南部和东部天气最为炎热。在某些日子里，平均气温可以达到 30 度甚至 35 度。

秋天，天气相当宜人。刮风较多，经常下雨。但秋天像春天一样，天气不冷不热。

Fais ci, fais ça

Grammaire et conjugaison

1 A **mettre** **1** Mets **2** mettez **3** Mettons

        tirer **1** Tire **2** Tirez **3** Tirons

    B **essuyer** **1** essuieras **2** essuiera **3** essuiera **4** essuieront

        tenir **1** tiendrai **2** tiendras **3** tiendra **4** tiendrons

2 A **1** Venez nous voir !

      2 Répondons à leur lettre d'invitation !

      3 Sors par là !

      4 Soyez gentils avec elles !

      5 Téléphone-lui tout de suite !

      6 Lisons le texte maintenant !

      7 Ouvrez votre livre !

      8 Fais les exercices !

    B **1** C'est la cuisine chinoise que j'aime.

      2 C'est Paul que je préfère.

      3 C'est du bœuf que je veux.

      4 C'est Pierre que j'ai rencontré.

      5 C'est un roman que je lis.

      6 C'est jeudi que je passe mon examen.

      7 C'est à Beijing que j'habite.

      8 C'est à la bibliothèque que je vais.

      9 C'est avec mes parents que je pars en voyage.

      10 C'est ce soir que je vais faire mes devoirs.

    C **1** Ce sont eux qui ont téléphoné à madame Durieux.

      2 C'est elle qui a voulu un nouveau sac.

      3 C'est lui qui a emporté cet objet.

④ Ce sont eux qui ont mis ces lunettes.

⑤ C'est lui qui a pris un café.

⑥ C'est elle qui a fait cette erreur.

⑦ C'est moi qui ai écrit cette lettre.

⑧ C'est ma mère qui a fait la cuisine.

⑨ C'est le professeur qui a expliqué ce texte.

⑩ C'est toi qui fais les devoirs.

3　　A　　① qui　② qui　③ que　④ qui　⑤ qu'　⑥ qui　⑦ qu'

⑧ qu'　⑨ que　⑩ qu'

B　　① qui　② que　③ qui　④ que　⑤ qui　⑥ qui　⑦ où

⑧ où　⑨ que　⑩ où

Vocabulaire et expressions

1　　A　　① morceau　② assiette　③ coude　④ serviette　⑤ échelle

B　　① Venez déjeuner avec nous à midi.

② Je vous souhaite un bon week-end.

③ J'ai besoin de me reposer.

④ Ne fais pas de bruit en mangeant.

⑤ Il est interdit de fumer.

C　　② ⑤ ③ ① ④ ⑥ ⑩ ⑦ ⑨ ⑧

D　　② ④ ① ③

2　① vide　② fatigue　③ arrivée　④ auscultation　⑤ respiration

⑥ rédaction　⑦ baisse　⑧ gêne　⑨ limite　⑩ coupure

3　① chez　② patiente　③ tousse　④ tension　⑤ de la fièvre　⑥ la grippe

⑦ rhume　⑧ médicaments　⑨ ordonnance　⑩ consultation

Compréhension écrite

1　C B A C B　　　　**2**　B C A C B

Thème et version

1 Comment faire pour bien apprendre le français ?

La langue française n'est pas une langue facile à apprendre. En effet, sa grammaire peut donner des difficultés aux gens qui essaient de l'apprendre. Malgré tout, il est tout de même possible de bien l'apprendre et voici donc quelques trucs qui vous aideront dans vos études.

1. Prenez un cours de français.

2. Regardez la télé en français.

3. Écoutez des chansons en français.

4. Parlez avec des gens qui parlent français

5. Tenez toujours un dictionnaire de poche en français avec vous.

6. Lisez des livres en français.

7. Faites un voyage en France.

8. Écrivez des textes en français.

2 睡眠是一项至关重要的需求。我们一生有 1/3 的时间在睡觉。但这不是浪费时间。睡觉时，我们的身体会自我修复。虽然每个人都有自己的生物钟，但美国研究人员列出了不同年龄人群对于睡眠时长的不同需求。

青少年睡觉时间越来越少。青少年每晚必须睡 8 到 10 个小时。老年人只需要 6 至 7 小时的睡眠时间。

虽然睡眠对所有人来说都是必不可少的，但法国人睡觉时间越来越少。50 年来，他们平均将睡眠时间缩短了 1 小时 30 分钟。2017 年，法国人平均睡眠时间首次降低至 7 小时以下。

根据法国公共卫生中心的调查，近 1/4 的法国人甚至严重缺觉。这意味着他们比理想时间少睡一个半小时。

18 至 24 岁的年轻人宣称他们每晚平均缺眠 2 小时 15 分钟。

Séquence 5 Si on allait au marché ?

Grammaire et conjugaison

1 **A** **élever** ① élèverai ② élèvera ③ élèveras ④ élèverons

s'installer ① m'installerai ② t'installeras ③ vous installerez ④ nous installerons

B **se sentir** ① me sentais ② te sentais ③ se sentait ④ nous sentions

se séparer ① me séparais ② se séparait ③ nous séparions ④ se séparaient

C **faire** ① ferait ② feriez ③ serions ④ ferait

vouloir ① voudrais ② Voudriez ③ voudrions ④ voudrait

2 **A** ① Oui, ils y habitent. ② Non, il n'y habite pas. ③ Oui, il y va. ④ Non, elle n'y va pas souvent. ⑤ Oui, ils y vont.

B ① Allez-y ! ② N'y allons pas ! ③ Habitez-y ! ④ Allons-y ! ⑤ N'y va pas !

C ① Oui, il en est revenu.

② Oui, je peux lui téléphoner pour dire que tu es revenu.

③ Oui, je vais leur demander de m'aider.

④ Oui, je vais y prendre un café.

⑤ Oui, je leur écris.

3 **A** ① en ② y ③ y ④ y ⑤ en ⑥ y

B ① pourrais ② irions ③ pourrais ④ réussirais ⑤ feriez

⑥ arriverions ⑦ mangerais ⑧ finirions ⑨ promènerais

⑩ bavarderaient

C ① n'irais pas ② ne boirais pas ③ ne me coucherais pas

④ n'arriverais pas ⑤ ne viendrais pas ⑥ n'étudierais pas

⑦ ne travaillerais pas ⑧ ne mettrais pas ⑨ n'irais pas

⑩ ne lui donnerais pas

Vocabulaire et expressions

1　**A**　① jambon　② tranche　③ désirer　④ certes　⑤ flâner

　　B　① Je voudrais une bouteille de vin.　② Il ne va jamais au marché.

　　　　③ Je fais mes courses sur Internet.　④ On a une très bonne boulangerie.

　　　　⑤ Elle aime flâner au marché.

　　C　② ③ ⑦ ① ⑤ ⑥ ④　　**D**　② ⑨ ⑦ ⑤ ④ ③ ⑥ ① ⑧

2　**Imparfait**　③ ⑥ ⑦ ⑩　　**Conditionnels présent**　① ② ④ ⑤ ⑧ ⑨

3　① guide　② désir　③ tranche　④ discussion　⑤ réponse　⑥ installation

　　⑦ privilège　⑧ élevage　⑨ séparation　⑩ perte

4　① le boulanger　② le pâtissier　③ le boucher　④ le poissonnier

　　⑤ le primeur　⑥ le fleuriste

5　① essayer　② les cabines d'essayage　③ trop court　④ au-dessus

　　⑤ grand　⑥ plus tard　⑦ mieux　⑧ comme ça　⑨ avec　⑩ ça suffit

Compréhension écrite

	Ce qu'on va acheter	La quantité	Le prix
①	Des carottes et des pommes de terre	1 kilo de carottes, et 2 kilos de pommes de terre	4 euros 50
②	Des pommes	2 kilos	Ce n'est pas dit.
③	Du poisson et de la sole	un filet de poisson et deux soles	Ce n'est pas dit.
④	Du fromage	un	5 euros
⑤	Des laitues	trois pièces	2 euros
⑥	Du poulet	1 kilo 5	Ce n'est pas dit.
⑦	Des roses blanches	une douzaine	6 euros
⑧	Une grosse boule de pain	une	Ce n'est pas dit.

2　**①** Il s'appelle Paul.

　　② Il est dans une brocante.

　　③ Une brocante, c'est un moment où des personnes se réunissent justement pour vendre des articles, des produits dont on ne se sert plus et donc souvent on vend les produits à bas prix.

　　④ Des bijoux, des vêtements, des produits de beauté, tous les objets de la vie quotidienne.

　　⑤ Il a gagné 100 euros.

Thème et version

1　La fleuriste : Bonjour, monsieur, vous désirez ?

　　Le client : Oui, je voudrais un bouquet de fleurs, mais je ne sais pas trop quoi choisir...

　　La fleuriste : Vous voulez mettre combien, à peu près ?

　　Le client : Je ne sais pas. Une vingtaine d'euros...

　　La fleuriste : Regardez, on peut faire un bouquet rouge et blanc, c'est très joli. Ou alors, vous pouvez choisir un bouquet tout rouge.

　　Le client : J'hésite un peu... Qu'est-ce que vous me conseillez ?

　　La fleuriste : Ça dépend. C'est pour offrir ?

　　Le client : Oui, c'est pour ma grand-mère !

　　La fleuriste : Alors, je vous conseille un bouquet de roses rouges.

　　Le client : Vous croyez ?

　　La fleuriste : Oui, votre grand-mère va être très contente !

　　Le client : D'accord.

2　费利克斯：怎么样，还有胡萝卜吗？

　　朱莉：还有 4 个胡萝卜。

　　费利克斯：还有什么蔬菜？

　　朱莉：只剩下洋葱了。有 3 个……

　　费利克斯：好的，你得带两公斤土豆和一个生菜回来……再给孩子们买一个西瓜和两公斤草莓。

朱莉：好的，我记下来了。就这些东西了？

费利克斯：还有，你还得去肉店买一只鸡。

朱莉：烤鸡？

费利克斯：是的。

朱莉：好的，就这些？

费利克斯：还有，你也要买一些奶酪。

朱莉：山羊奶酪？

费利克斯：是的，你买一份山羊奶酪和一大块布里干酪。

朱莉：好的。还需要别的东西吗？

费利克斯：不需要了，这样就可以了。

Séquence
6

D'où venons-nous ? Que sommes-nous ? Où allons-nous ?

Grammaire et conjugaison

1 **A** **payer** **1** paie/paye **2** paie/paye **3** payez **4** paient/payent

séduire **1** séduit **2** séduis **3** séduisons **4** séduisent

B **vivre** **1** ai vécu **2** a vécu **3** avez vécu **4** ont-ils vécu

envahir **1** ont envahi **2** a envahi **3** as envahi **4** avez envahi

C **prendre** **1** prenait **2** prenions **3** prenais **4** prenaient

pleuvoir **1** pleuvait

2 **A** **1** Oui, il vient de partir.

2 Oui, il vient d'être dix heures.

3 Oui, je viens (nous venons) de poser cette question.

4 Oui, il vient de faire ses devoirs.

5 Oui, ils viennent d'acheter une nouvelle voiture.

6 Oui, il vient d'être fermé.

7 Oui, elle vient de se coucher.

8 Oui, je viens de finir mon cours.

9 Oui, nous venons de nous rencontrer.

10 Oui, elle vient de bien garer sa voiture.

B **1** Attends-moi. **2** Téléphone-nous. **3** Écoutez-le (la).

4 Répondez-y. **5** Regardez-le. **6** Explique-leur. **7** Dis-lui non.

8 Invitez-les. **9** Parles-en. **10** Aidez-nous.

C **1** Elle nous a invité(e)s chez elle. **2** Ils m'ont parlé.

3 Nous vous avons expliqué la situation. **4** On t'a envoyé une lettre.

5 Vous m'avez compris(e). **6** On nous a critiqué(e)s.

7 Ils m'ont bien connu(e). **8** Vous lui avez demandé pourquoi.

9 Elle t'a dit la nouvelle. **10** Je les ai vu(e)s au musée.

3 **A** **1** Non, il ne nous l'a pas annoncée. **2** Oui, il l'en a prévenu.

3 Oui, nous les y avons rejoints. **4** Nous lui en avons donné 20.

5 Non, nous ne les y avons pas montées.

6 Oui, je vais les lui montrer.

7 Non, je ne veux pas lui en demander.

8 Oui, il la leur a présentée. **9** Oui, il l'y a prise.

10 Non, il ne va pas le lui rendre tout à l'heure.

B **1** Oui, montrez-le-moi. **2** Oui, rendez-la-leur.

3 Oui, passez-les-leur. **4** Non, ne m'en parle pas maintenant.

5 Oui, mettez-les-y. **6** Non, ne la leur racontons pas.

7 Oui, explique-la-moi. **8** Oui, donnez-m'en un peu.

9 Non, ne lui en montre pas. **10** Oui, rapportez-les-moi.

4 **A** **1** nous, lui, le **2** l', en **3** elle **4** en, vous **5** t', m'

6 J'en **7** y **8** vous, me, le **9** eux / elles / elle **10** en, en

B **1** acceptée **2** écoutées **3** oubliés **4** montrés **5** montés

6 achetés **7** restées **8** renvoyée **9** offert **10** prises

5 **1** Il n'aime pas cette ville, heureusement, il va la quitter.

2 Lave-toi vite, sinon tu seras en retard.

3 Après la visite, il nous a dit au revoir.

4 – Ce stylo est à toi ? – Oui, donne-le-moi.

5 Ne me passe pas le sel, je n'en ai pas besoin.

⑥ Si tu as un dico, prête-le-moi.

⑦ Je n'aime pas cette veste, donne-m'en une autre.   ⑧ √

⑨ – Qui va acheter des fleurs ? – Je vais en acheter.

⑩ Les photos, elle me les a déjà montrées.

6 est revenue, courait, 'a jetée, avait, avait, a d'abord conduit, a fait, a ramené, a mal dormi, a eu, est monté, est venu, a examiné, n'ai pas vu, a-t-il dit, faut, Conduisez, fera (fait), ne ferai (fais) pas, ne donnerai (donne)

Vocabulaire et expressions

1   **A**   ① surréaliste   ② direction   ③ multitude   ④ scanner   ⑤ paysage

   B   ① C'est le moyen de transport préféré des Français.

   ② S'il vous plaît, pour aller à la gare ?

   ③ Grâce à une application, le mode d'emploi est simple.

   ④ C'est tout droit, au bout de la rue.

   ⑤ Je voudrais prendre le train.

   C   ⑤ ② ① ③ ④

2   **A**   ① à côté de   ② passer entre   ③ tout droit   ④ tourner à droite

   ⑤ tourner à gauche   ⑥ au bout de   ⑦ devant   ⑧ en direction de

   ⑨ sortir de

   B   ① à côté de   ② au fond du   ③ à droite   ④ tout droit   ⑤ entre

   ⑥ au-dessus de   ⑦ devant   ⑧ dans   ⑨ en   ⑩ à

3   ① piscine   ② place   ③ Bordeaux   ④ peintre   ⑤ ville

4   ① déverrouiller   ② désespérer   ③ mécontent   ④ malheureux

   ⑤ impossible   ⑥ inaccompli   ⑦ anormal   ⑧ inimaginable

   ⑨ insatisfait   ⑩ non-fumeur

5   ① application   ② peindre   ③ direction / directeur   ④ utiliser   ⑤ génial

   ⑥ location   ⑦ constitution   ⑧ âgé   ⑨ adaptation   ⑩ pollution

6   ① vois   ② servent   ③ s'y déshabillent   ④ mettent   ⑤ construisent

   ⑥ font   ⑦ ramassent   ⑧ jouent   ⑨ vous amusez   ⑩ j'aime

Compréhension écrite

B B C A C

Thème et version

1 Elke est allemande. Elle vient en France, à Strasbourg pour la première fois. Elle aime beaucoup les voyages. Elle se trouve avenue Thiers. Elle doit aller à l'Office du Tourisme. L'Office du Tourisme donne des renseignements sur la ville et les activités possibles. Elke ne connaît pas le chemin. Elle demande des renseignements à un homme près d'elle.

– Excusez-moi, monsieur, comment faire pour aller à l'Office du Tourisme, SVP ?

– Vous y allez à pied ou en voiture ?

– J'y vais à pied.

– C'est un peu loin. Il faut prendre le bus. Vous pouvez prendre le numéro 1 ou le numéro 2. Vous allez jusqu'au terminus, place du Soleil Levant. Vous descendez du bus et vous passez devant l'église Notre-Dame de la Vigne. Vous continuez tout droit jusqu'au boulevard Carnot. C'est au numéro 25. C'est facile ! Si vous voulez, je vous accompagne, j'habite à côté de l'Office du Tourisme. Je m'appelle Guillaume.

– Merci, c'est très gentil.

2 电动自行车目前在法国受到了骑自行车者的青睐，销量不断增长。2016 年法国有超过 13 万辆电动自行车被售出，比 2015 年增长 30% 以上。2018 年，电动自行车的销量为 33.8 万辆。尽管如此，正如我们所知，我们与邻国德国仍相距甚远。在欧洲电动自行车的销量排行榜上，法国位居第 4，销售出超过 300 万辆 VAE（电动自行车），位居德国、荷兰与比利时之后。

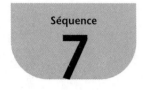

L'herbe est toujours plus verte dans le jardin du voisin.

Grammaire et conjugaison

1 A **suffire** ❶ suffit ❷ suffisent ❸ suffit ❹ suffis

sourire ❶ sourit ❷ sourient ❸ souris ❹ sourions

B **venir** ❶ viendrai ❷ viendrez ❸ viendra ❹ viendront

se passer ❶ se passera ❷ me passerai ❸ nous passerons

❹ vous passerez

C **vouloir** ❶ voudrais ❷ voudrait ❸ voudrais ❹ voudraient

D **conduire** ❶ avez conduit ❷ ai conduit ❸ as conduit

❹ a conduit

2 A ❶ Oui, j'en prends.

Non, je n'en prends pas.

❷ Oui, j'en suis satisfait.

Non, je n'en suis pas satisfait.

❸ Oui, j'en ai parlé à mes collègues.

Non, je n'en ai pas parlé à mes collègues.

❹ Oui, nous en avons deux.

Non, nous n'en avons pas deux.

❺ Oui, ils en viennent.

Non, ils n'en viennent pas.

❻ Oui, nous en avons trois heures chaque jour.

Non, nous n'en avons pas trois heures chaque jour.

❼ Oui, nous venons d'en parler.

Non, nous ne venons pas d'en parler.

❽ Oui, j'en joue.

Non, je n'en joue pas.

9 Oui, il s'en occupe à la maison.

Non, il ne s'en occupe pas à la maison.

10 Oui, je m'en passe.

Non, je ne m'en passe pas.

B **1** Oui, j'y pense.

Non, je n'y pense pas.

2 Oui, il y joue.

Non, il n'y joue pas.

3 Oui, nous y restons.

Non, nous n'y restons pas.

4 Oui, nous y avons réfléchi.

Non, nous n'y avons pas réfléchi.

5 Oui, je m'y intéresse.

Non, je ne m'y intéresse pas.

6 Oui, elle y est habituée.

Non, elle n'y est pas habituée.

7 Oui, il y est arrivé.

Non, il n'y est pas arrivé.

8 Oui, j'y ai trouvé mon stylo.

Non, je n'y ai pas trouvé mon stylo.

9 Oui, il y a touché.

Non, il n'y a pas touché.

10 Oui, nous y avons répondu.

Non, nous n'y avons pas répondu.

C **1** Oui, la ville de Beijing est plus grande que la ville de Tianjin.

2 Oui, mais il est moins long que le fleuve Yangtsé.

3 Oui, l'air à la campagne est plus frais que celui dans la ville.

4 Oui, cette idée est aussi bonne que mon idée.

5 Oui, mais elle est moins belle que ta montre.

6 Oui, ils sont aussi heureux que nous.

7 Oui, ma chambre est plus petite que la chambre de ma sœur.

8 Oui, mais ce problème est moindre que le précédent.

⑨ Oui, il est meilleur que celui près de chez moi.

⑩ Oui, le temps est plus mauvais qu'hier.

D ① Oui, elle parle mieux le français que lui.

② Oui, il le voit aussi fréquemment que ses camarades.

③ J'aime mieux cette ville que toi.

④ Oui, mais il marche moins lentement que ma grand-mère.

⑤ Il a fait moins de fautes que moi.

⑥ Je me lève aussi tôt que vous.

⑦ J'ai autant de patience que toi.

⑧ Oui, il écrit plus mal le nom que moi.

⑨ Oui, j'ai plus de bandes dessinées que toi.

⑩ Oui, mais j'y vais moins souvent que mon ami.

3 A ① en ② à ③ comme ④ pour ⑤ à ⑥ en ⑦ En ⑧ de, dans ⑨ sur ⑩ selon

B ① aussi ② plus ③ moins ④ autant ⑤ pire ⑥ pis ⑦ mieux ⑧ meilleur ⑨ moindre ⑩ plus

4 ① Julie est plus calme et plus réfléchie que Sophie.

② Cette maison est meilleur marché que celle-là.

③ J'aime autant ce roman que vous.

④ Je vais beaucoup mieux aujourd'hui.

⑤ Au moindre bruit, il s'éveille.

⑥ – S'occupe-t-il de ses enfants ? – Oui, il s'occupe d'eux.

⑦ Ces manuels, nous en avons besoin. ⑧ √

⑨ – Tu vas chez Cécile ce soir ? – Oui, j'y vais.

⑩ – Penses-tu à tes parents ? – Oui, je pense beaucoup à eux.

5 La veille de leur retour à Paris, les Henri ont assisté à la fête du village. Dès sept heures du matin, les pompiers sont venus réveiller M. le maire avec les tambours et les clairons ; puis, sur la place de l'église, ils ont fait l'exercice avec les pompes à incendie.

Pendant ce temps, M. Legrand a donné le départ de la grande course de bicyclette : les cyclistes devaient faire 30 km.

Puis M. le curé a chanté la grand-messe.

L'après-midi, il y avait un concours de boules sur la place de la Mairie, et il y avait encore d'autres jeux : de jeunes gens faisaient une course en sac, et d'autres jeunes gens montaient au mât de cocagne pour décrocher des jambons, des bouteilles de vin et des saucisses. Des vieux faisaient des boules, et des enfants tournaient sur les chevaux de bois ou montaient dans les balançoires. Le soir, M. Legrand a donné un beau feu d'artifice : tous les gens du village entendaient les bombes, voyaient les fusées rouges et bleues et criaient oh ! et ah !. Tout le village se trouvait dans une allégresse.

Vocabulaire et expressions

1   **A**   **1** caractère   **2** puissance   **3** piratage   **4** bouquin   **5** lentement

B   **1** Les Anglais conduisent plutôt mal, mais prudemment.

2 On a de bonnes raisons de s'inquiéter.

3 Les livres numériques sont de moins en moins chers.

4 Plus la voiture est petite, plus son conducteur veut aller vite.

5 Le téléchargement prend moins de temps qu'un achat en librairie.

2   **A**   **Adjectifs**   **1 4 6 8 10**   **Adverbes**   **2 3 5 7 9**

B   **Adjectifs**   **1 2 5 8 9 10**   **Verbes**   **3 4 6 7**

C   **Pour**   **1 3 5 6 8 9**   **Contre**   **2 4 7 10**

3   prendre : prendre du vin, prendre un livre, prendre des ennemis, prendre les enfants, prendre les lunettes

faire : faire des devoirs, faire un repas, faire une danse, faire de la médecine, faire sa chambre

jouer : jouer au football, jouer de la guitare, jouer aux cartes, jouer de l'œil, jouer sa vie

avoir : avoir un stylo, avoir 20 ans, avoir faim, avoir la parole, avoir l'heure

4   **1** piéton   **2** code barre   **3** chasseur   **4** portable   **5** bicyclette

5   **1** télévision, téléphone, télescope, téléachat, téléaste...

2 technologie, technocrate, technocratie...

3 électronique, électroménager, électromécanique...

④ recyclé, renouveau, recharger, rechanger...

⑤ bibliographie, bibliothèque, bibliographe, bibliophile...

6

① L'examen aura lieu dans une semaine, je suis convaincu que tu y réussiras.

② Plus il fait chaud, plus je veux goûter de la glace.

③ Nous n'avons pas pu aller à la Grande Muraille à cause du mauvais temps.

④ Je préfère les livres numériques, parce qu'ils sont de moins en moins chers.

⑤ M. Henri est allé acheter un billet de train Paris-Lyon, par malheur, tous les billets ont été vendus.

Compréhension écrite

① – **⑤** B C B C A　**⑥** – **⑩** C D B A C

Thème et version

1　Le français est-il une langue beaucoup plus difficile que les autres ?

Il suffit de parcourir quelques sites sur les langues étrangères, le russe, le chinois, le japonais, etc. pour se rendre compte qu'aucune langue n'est facile. Beaucoup croient que l'anglais est une langue facile.

Erreur ! Si l'anglais était si facile, tout le monde parlerait couramment l'anglais ; et combien d'apprenants sont-ils capables de comprendre une conversation en anglais et d'y participer avec aisance ?

Quant au chinois, beaucoup pensent qu'il est beaucoup plus difficile que l'anglais ou le français, il doit être très difficile de s'habituer aux caractères. Ce sont des dessins !

2　阅读在生活的各方各面都占据着十分重要的地位。事实上，由于阅读提供给读者大量的知识，因此有助于他们在职业、家庭或社会领域提高成就。此外，阅读不仅对所有人都很重要，尤其对孩子来说更是如此。孩子们需要养成阅读习惯，才能拥有充足的词汇量和良好的道德规范。

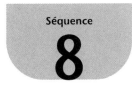

Séquence

8   Parlez-vous français?

Grammaire et conjugaison

1   **A**   **se croire**   ① me crois   ② se croit   ③ nous croyons   ④ se croient

élire   ① élit   ② élisent   ③ élisons   ④ j'élis

B   **se répandre**   ① s'est répandue   ② se sont répandus

③ s'est répandu   ④ se sont répandues

se rassembler   ① se sont rassemblés   ② nous sommes rassemblés

③ vous êtes rassemblés   ④ s'est rassemblée

C   **se réunir**   ① se réunissait   ② nous réunissions

③ vous réunissiez   ④ se réunissaient

D   **s'accrocher**   ① s'accrochera   ② m'accrocherai   ③ t'accrocheras

④ s'accrocheront

2   **A**   ① Elle est la plus jolie de toute la classe.

② Le Vatican est le plus petit pays du monde.

③ Le fleuve Chang Jiang est le plus long fleuve de la Chine.

④ L'Himalaya est la plus haute montagne du monde.

⑤ Ce restaurant est le meilleur du quartier.

⑥ Les notes de la classe A sont les meilleures de l'école.

⑦ Ce sont les élèves les plus paresseux de la classe.

⑧ Quasimodo se croit le plus laid du monde.

⑨ Le printemps est la plus belle saison de l'année.

⑩ Le climat ici est le pire / le plus mauvais du monde.

B   ① Elle chante le mieux de toute la classe.

② Ils marchent le plus lentement de toute la classe.

③ Je lis le plus de toute la classe.

④ Olivia se lève le plus tôt de toute la famille.

⑤ Nous avons le moins de temps libre de tous nos camarades.

⑥ Il parle le plus couramment le français de toute la classe.

⑦ Lily danse le plus mal de toute la classe.

⑧ Je vais le plus souvent au cinéma de tous mes copains.

⑨ Les Legros prennent le plus de vacances de tous leurs collègues.

⑩ Elles aiment le mieux visiter le musée du Louvre de toute la classe.

3　**A**　**①** Oui, je le pense.　**②** Oui, je l'ai entendu dire.

③ Oui, ils le sont.　**④** Non, j'en suis satisfait.

⑤ Non, nous ne le sommes pas.　**⑥** Oui, je m'occupe de lui.

⑦ Oui, je le sais.　**⑧** Oui, je la suis.

⑨ Oui, elle me le demande.　**⑩** Non, je ne vais pas le lui dire.

B　**①** Oui, il est meilleur que ceux dans le restaurant voisin.

② Moi aussi, c'est la ville que j'aime le mieux.

③ Je la trouve gentille, elle est la plus gentille de sa classe.

④ Oui, elle est un des plus grands pays du monde.

⑤ C'est Pascal, il est plus gentil que ses camarades.

⑥ Oui, je l'aime le mieux.

⑦ Oui, je veux bien. C'est la plus belle fille de l'école.

⑧ Oui, elle m'intéresse le plus.

⑨ Oui, mais il est moins long que le fleuve Yangtsé.

⑩ Oui, il fait plus chaud à Nankin qu'à Pékin.

C　**①** Ce petit garçon mange autant que son frère aîné.

② Vous travaillez plus que vos camarades de classe.

③ Il a moins de patience que moi.

④ Moins on dort, plus on est fatigué.

⑤ J'ai deux nouveaux stylos, il en a quatre, il a plus de stylos que moi.

⑥ Il y a autant de bruit dedans que dehors.

⑦ Il y a plus de filles que de garçons dans cette classe.

⑧ Ma sœur cadette a une tête de moins que moi.

4 ❶ beaucoup ❷ mieux ❸ le, des (les) ❹ celui-ci (l'un), celui-là (l'autre)

❺ même, celui-ci (l'un), plus (moins), celui-là (l'autre) ❻ de, le, En

❼ plus, possible ❽ plus ❾ plus (mieux), celle ❿ moins, que

⓫ les ⓬ plus (aussi / moins), ceux-là ⓭ beaucoup / le

⓮ ce, la, ce ⓯ longue, long

5 COD ❷ ❹ ❽ **Pronom neutre** ❺ ❸ ❾

Article défini ❶ ❻ ❼ ❿

6 ❶ Le lapin se déplace plus vite que la tortue.

❷ Yao est un des plus grands basketteurs du monde.

❸ Mon grand-père est plus âgé que moi.

❹ La baleine bleue est le plus grand mammifère au monde.

❺ Je vais mieux qu'hier.

❻ En été, il fait plus chaud à Chongqing qu'à Harbin.

❼ De tous ses camardes, elle dessine le mieux.

❽ Catherine et Lucie, ce sont mes meilleures amies.

❾ Parmi tous les élèves, il a fait le plus de fautes dans la dictée.

❿ Bien qu'il travaille beaucoup, il gagne le moins.

7 suis né, était, se trouvait, ai fait, l'ai quitté, C'était, se donnait, voyait, rentraient, allions, aidions, étaient, sommes sortis, sommes allés, a commencé, était, n'avons pas pu, avions, ne sont pas encore rentrés, attendions, soufflait, voyait, étaient, a vu, s'approchaient, a distingué, C'était, c'était, sont rentrés, a acclamé, sont descendus

Vocabulaire et expressions

1 A ❶ sécheresse ❷ diffusion ❸ continent

❹ fondateur ❺ vainqueur

B ❶ Senghor est élu premier président du Sénégal.

❷ Son intelligence est supérieure à celle des autres.

❸ Cette association est née sous l'initiative de trois pays africains.

④ Parler français crée plus d'ouverture et de possibilités.

⑤ Cela facilite les échanges et on peut découvrir d'autres cultures.

C ④ ⑧ ② ⑤ ⑩ ① ③ ⑥ ⑨ ⑦

2 **A** ① OIF ② OPEC ③ OMS ④ ONU ⑤ UNESCO
⑥ UNICEF ⑦ OMC ⑧ UE

B

certain	autorisé	bête
libre	distinct	occupé
intelligent	sûr	même
officiel	brillant	indifférent
différent	surpris	informel
étonné	disponible	douteux

3 **A** **Francophone** ① ② ④ ⑥ ⑦ ⑨ ⑩
Non francophone ③ ⑤ ⑧

B **Animaux** ① ④ ⑤ ⑦ ⑧
Plantes ② ③ ⑥ ⑨ ⑩

C **Pour** ① ④ ⑤ ⑧ ⑩
Contre ② ③ ⑥ ⑦ ⑨

4 ① francophonie ② élection ③ décolonisation ④ facilitation
⑤ épreuve ⑥ reconnaissance ⑦ proclamation ⑧ président
⑨ sécheresse ⑩ diffusion

5 ① voir ② découvrir ③ regarder ④ sait ⑤ s'ouvrent ⑥ disent
⑦ se baissent ⑧ appelle ⑨ lève ⑩ semble ⑪ monter

Compréhension écrite

① – ⑤ F V V F F **titre** Fête de la Francophonie annulée

Thème et version

1 Léopold Sédar Senghor

Né le 9 octobre 1906 au Sénégal, et mort le 20 décembre 2001 en France, Léopold Sédar Senghor est un poète, écrivain, homme politique sénégalais et premier Président de la République du Sénégal (1960-1980). Considéré comme « le chef d'État le plus savant d'Afrique subsaharienne», Il est le premier africain à siéger à l'Académie française.

Poète et homme d'État, Senghor est un homme remarquable qui a beaucoup apporté à la culture française. En effet, il est le symbole de l'amitié entre la France et le Sénégal.

2 根据《世界报》报导，截至 2018 年 10 月，法语排在普通话、英语、西班牙语和阿拉伯语之后，是世界上第五大语言。以人口计算，当今前五大法语国家分别是刚果民主共和国、法国、阿尔及利亚、摩洛哥和科特迪瓦。你们知道吗？法语还是外交领域使用最广泛的第二大语言。

Séquence 9

Cent mille pourquoi

Grammaire et conjugaison

1 **A** **parvenir** ① est parvenue ② sont parvenus ③ sont parvenues ④ sommes parvenus

s'écrier ① s'est écriée ② s'est écrié ③ nous sommes écriés ④ se sont écriés

B **vouloir** ① voudrais ② voudrait ③ voudrions ④ voudraient

exister ① existerait ② existerais ③ existerait ④ existerait

2 **1** Je fais réparer la machine à laver qui ne marche plus.

2 Près de chez moi, il y a un centre commercial où je fais souvent du shopping.

3 *Blanche-Neige* est un conte que tous les enfants connaissent.

4 M. Richaud est le patron du café qui se trouve au coin de la rue.

5 Nous irons à Lyon où nous ne sommes jamais allés.

6 Dans le village d'où il vient, il y a beaucoup de vignes.

7 Bordeaux est une grande ville que je ne connais pas très bien.

8 Ils étaient en voyage en France le jour où il y a eu une grève générale.

9 Comment trouves-tu les disques que je t'ai donnés il y a trois jours ?

10 Jean Vilar est un célèbre metteur en scène qui a créé le Festival d'Avignon en 1947.

3 A **1** De **2** en **3** avec **4** à **5** d' **6** en **7** du **8** sur **9** par **10** à

B **1** Laquelle **2** Lequel / Laquelle **3** lesquelles / laquelle **4** lequel **5** laquelle **6** Auquel **7** Lesquelles **8** Duquel **9** Lesquels **10** duquel

C

Texte 1 me rappelle, m'a racontées, est entré, avait, était, semblait, a cherché, a été interrompu, a eu, s'est retourné, se passait, a vu, riait, n'a pas pu, riez, ris, a répondu, venez, chercher, n'ai jamais pu

Texte 2 ont entendu parler, l'ont vue, avoir découvert, pourra, a vu, avoir, ignore, s'égarer, demander, a parcouru

4 B C B A D C B C D C

5 **1** Qui est dans la salle de classe ?

2 Quel film vous intéresse le plus ?

3 Qu'est-ce que les Français boivent au petit-déjeuner ? / Que boivent les Français au petit-déjeuner ?

4 De quel siècle date ce temple ?

5 Quelle valise achètes-tu ? Celle-ci ou celle-là ? / Laquelle de ces valises achètes-tu ? Celle-ci ou celle-là ?

6   **1** Que fait-il comme travail ? / Qu'est-ce qu'il fait comme travail ?

2 Qu'est-ce qui vous empêche de partir ?

3 À quoi Sandrine s'intéresse-t-elle surtout ? / À quoi est-ce que Sandrine s'intéresse surtout ?

4 Lequel de ces deux sacs préfères-tu ?

5 En quelle saison les pêchers fleurissent-ils ? / En quelle saison fleurissent les pêchers ?

6 Où les Legrand ont-ils passé leurs vacances ? / Où est-ce que les Legrand ont passé leurs vacances ?

7 D'où vient cette étudiante ?

8 Avec qui Cécile va-t-elle jouer au tennis ? / Avec qui est-ce que Cécile va jouer au tennis ?

9 Qui est-ce que tu vas inviter à la fête ce soir ?

10 Combien de croissants Nicolas veut-il acheter ? / Combien de croissants est-ce que Nicolas veut acheter ?

Vocabulaire et expressions

1   **A**   **1** indulgent   **2** géranium   **3** astéroïde   **4** frontière

   5 convaincu

B   **1** La France métropolitaine se situe en Europe occidentale.

   2 La Méditerranée sépare la France de l'Afrique.

   3 La Loire est le fleuve le plus long de la France.

   4 La France est traversée par quatre grands fleuves.

   5 Bordeaux est classé en tête des villes préférées des Français.

C   **3** **2** **5** **1** **4**

D   **3** **8** **1** **5** **7** **2** **6** **4**

2   **A**   **Industrie**   **3** **5** **6** **7** **9**

   Agriculture   **1** **2** **4** **8** **10**

B   **Pays voisin de la Chine**   **3** **4** **7** **8** **12** **14** **17** **19**

   Pays voisin de la France   **1** **6** **11** **13** **16** **18**

3　❶ questionner　❷ essentiel, le　❸ collectionner　❹ joliment　❺ prouver

❻ existence　❼ haussement / hausse　❽ convaincre　❾ tranquillité

❿ indulgence

4　Sa localisation : La Chine est située à l'Est du continent Asiatique.

Sa population : La Chine a une population d'1,4 milliard d'habitants.

Sa superficie : La superficie de la Chine est de 9,60 millions de km². La Chine est le 3ème plus grand pays au monde après la Russie et le Canada.

Ses frontières : L'Est du pays est bordé par l'Océan Pacifique et le reste des frontières est partagé avec de nombreux pays voisins.

Ses pays voisins : La Chine est bordée par 14 pays : Viêt-nam, Laos, Myanmar (Birmanie), Inde, Bhoutan, Népal, Pakistan, Afghanistan, Tadjikistan, Kirghizistan, Kazakhstan, Russie, Mongolie et Corée du Nord.

Ses reliefs : En Chine, on distingue de nombreux reliefs avec, une grande variété de chaînes de montagnes, de hauts plateaux et de déserts dans le centre et l'ouest lointain. Les plaines, les deltas, et les collines dominent l'est du pays.

Ses fleuves importants : Il y a plus de 1500 rivières et fleuves en Chine. Le fleuve Chang Jiang est le plus long fleuve de Chine avec 6300 km, et le troisième plus long du monde après le Nil et l'Amazone. Le fleuve Chang Jiang permet de relier par voie fluviale l'Ouest et l'Est du pays. Le Fleuve Jaune est le deuxième plus long fleuve de Chine avec 5464 km. La vallée du cours d'eau est un des lieux où est née la civilisation chinoise. On y trouve des terres fertiles.

Sa division administrative : La Chine est divisée en 23 provinces, 5 régions autonomes, 4 municipalités et 2 régions administratives spéciales.

5 ① environnement ② riche ③ châteaux ④ merveilles ⑤ gastronomiques ⑥ plages ⑦ ajouter ⑧ amoureux ⑨ cœur ⑩ calme ⑪ jardins ⑫ historique ⑬ bretonne ⑭ inséparable ⑮ satisfaction

Compréhension écrite

D B C D C

Thème et version

1 La France est souvent appelée l'Hexagone, car sa forme ressemble beaucoup à une figure géométrique à six côtés. Mais à la France continentale, il faut ajouter la Corse, une île située dans la Méditerranée à 240 km au sud de Nice. Le territoire du pays comprend en outre les départements et territoires d'outre-mer qui se situent sur d'autres continents tels que l'Amérique, l'Afrique et l'Océanie.

La plus grande distance du nord au sud de « l'Hexagone » est de 973 km, et d'est en ouest de 945 km, la superficie de la France métropolitaine est près de 551 000 km^2, ce qui place le pays au 3e rang européen après la Russie et l'Ukraine.

2 里昂是一座独一无二的城市，它拥有 2000 年的历史。其丰富的遗产展现了不同的历史时期，讲述着城市的故事。因其丰富的建筑遗产，里昂已被列入人类世界遗产名录。

里昂位于罗讷河谷，从巴黎到里昂非常便捷，乘坐高速火车两小时即可到达，也可以乘坐飞机，一小时即达。

在里昂，您将会看到很多博物馆。为了惠及所有人群，里昂大部分博物馆都能方便残疾人出入，里昂美术馆还会为有视听障碍的观众安排特殊的参观。

每年，里昂都会接待众多的外国游客和学生，这是一座好客的城市。

Séquence

10

Bulles en fête

Grammaire et conjugaison

1 **A** **s'écrouler** **1** s'est écroulé **2** s'est écroulée **3** se sont écroulés
4 se sont écroulées

se moquer **1** s'est moquée **2** se sont moquées
3 se sont moqués **4** s'est moqué

B **recevoir** **1** recevras **2** recevra **3** recevront **4** recevrez

soutenir **1** soutiendra **2** soutiendrai **3** soutiendrons
4 soutiendront

2 **A** **1** Paul me demande ce que j'achète.

2 Son copain lui demande pourquoi elle n'est pas venue à la fête.

3 Marie demande à son cousin combien de romans français il a .

4 Elle me dit que j'ai eu de la chance.

5 Le professeur nous demande si nous avons bien compris.

6 Jean demande à son frère s'il a vu son appareil photo.

7 Sophie demande à ses parents où ils vont.

8 Son mari lui demande ce qui l'a choquée.

9 Sa femme lui demande ce qui ne va pas et ce qu'il compte faire.

10 Son patron lui demande de lui appeler un taxi.

B **1** Léo demande à sa copine : « Où as-tu passé la soirée ? Avec qui étais-tu ? »

2 Le maître demande à Nicolas : « Qu'est-ce qui t'intéresse le plus dans ce livre ? »

3 Il se demande : « Est-ce que c'est bien le moment de demander en mariage à ma copine ? »

4 Il lui dit (demande) : « Tais-toi ! Mets-toi vite au travail ! »

5 Le médecin demande au patient : « Qu'est-ce qui ne va pas ?
Qu'est-ce que vous avez mangé hier soir ? »

6 La vendeuse lui demande : « Quelle robe vous plaît ? »

7 Le médecin lui conseille : « Ne fumez plus ! »

8 Il me dit : « Tes conseils me sont utiles. »

9 Sophie demande à son mari : « Qui est-ce que tu vas voir ? »

10 Il leur demande : « Où irez-vous après l'école ? »

3   **A**   **1** à   **2** à   **3** à   **4** de   **5** de   **6** de   **7** De

8 à   **9** de   **10** Dans

B   **1** quand / si   **2** pourquoi   **3** s'   **4** qui   **5** ce que

C

Texte 1 c'était, s'est mal passé, a eu, ont oublié, est allée, sont allées, s'est cassé, sont tombées, s'est penchée, a heurté, passait, a renversé, ont quitté, est retournée, l'attendait

Texte 2 aura, J'irai, pense, viendra, se baignera, fera, est, montera, passera, seront

4   A B C A C

5   **1** J'espère que tout va bien s'arranger et que cet incident ne se renouvellera plus jamais.

2 Sylvie écrit à son mari qu'il lui manque beaucoup.

3 Je voudrais savoir si Paul s'intéresse à ce programme.

4 Le professeur nous demande si nous avons bien compris et si ce sujet nous intéresse.

5 Je leur demande ce dont ils parlent.

6 Je lui dis que je ne l'attends plus.

7 As-tu entendu parler des aventures d'Astérix ?

8 Dans ce film, de quoi s'agit-il ?

9 Qu'est-ce qui s'est passé hier soir ? Je ne m'en souviens plus.

10 Il faut penser aux conséquences de vos actes.

Vocabulaire et expressions

1　**A**　① soutenir　② agresseur　③ curieux　④ cueillette　⑤ sanglier

　　B　① Elle a une bizarre façon de s'habiller.

　　　　② Il a assommé son agresseur d'un coup de poing.

　　　　③ Le témoin de l'accident a donné le signalement du conducteur à la police.

　　　　④ Il a attrapé une méchante grippe.

　　　　⑤ Ce petit restaurant sert une nourriture immangeable.

　　C　③ ① ④ ② ⑤

　　D　③ ⑤ ① ⑥ ② ④

2　① saga　② thriller　③ biographie　④ documentaire　⑤ bande dessinée
　　⑥ poésie　⑦ nouvelle　⑧ science-fiction　⑨ autobiographie　⑩ critique

3　① curiosité　② transport　③ acceptation　④ prononciation
　　⑤ malheureusement　⑥ affirmation　⑦ significatif, ive　⑧ soutien
　　⑨ conseil　⑩ faiblement　⑪ cueillir　⑫ complet, ète

4　① captivant　② inédit　③ amusant　④ touchant　⑤ inexplicable
　　⑥ ennuyeux　⑦ déchirant　⑧ étonnant

5　① s'ouvrent　② se mondialiser　③ monopole　④ dessinateurs
　　⑤ mondial　⑥ Angoulême　⑦ soin　⑧ ailleurs　⑨ se souvient
　　⑩ marché　⑪ consomme　⑫ forme　⑬ gigantesques　⑭ livres
　　⑮ jetable

Compréhension écrite

C D A D B

Thème et version

1 Connaissez-vous Astérix ?

C'est un petit homme avec de grandes moustaches. Il est très petit, mais très fort, très intelligent et très courageux. Bien sûr, Astérix n'est pas une personne réelle. C'est le personnage de la bande dessinée la plus populaire en France. Aujourd'hui, ses histoires intéressent beaucoup plus de 50 millions de Français. Qui ne le connaît pas ? Son portrait apparaît sur les affiches, les livres de classe, on le colle aussi sur les voitures. Pourquoi est-il si célèbre que tous les Français le connaissent ? C'est simple. Parce que ce petit homme représente assez bien le caractère national des Français.

Astérix fait beaucoup de voyages à l'étranger avec son ami Obélix. Chaque voyage est le sujet d'une nouvelle bande dessinée et chaque livre connaît toujours un grand succès.

2 塞德里克·克拉皮斯执导的电影《西班牙旅馆》吸引了众多通过伊拉斯谟项目进行校际交流的欧洲年轻人。电影主人公在巴塞罗那和其他大学生合租一间公寓，欧洲年轻人从他身上看到了自己的影子。虽然合租在盎格鲁—撒克逊国家更为常见，但在法国，年轻人也逐渐开始考虑这种租房形式。分享同一间公寓令人向往：可以交朋友，可以开派对，大家用多种语言交流……确实如此，但是也要注意，你必须有耐心，会交际，能容忍。也许日子久了，你会发现合租没有你想象得那么美好。还需注意以下几点：确保你的同屋和你的作息时间基本一样，他们有收入并且有责任心。

Symboles et identité

Grammaire et conjugaison

1 **A** **se faire** ① s'est faite ② s'est fait ③ ne s'est pas fait ④ s'est fait

réagir ① a réagi ② ont réagi ③ ont réagi ④ avons réagi

B **se douter** ① ne me doutais ② ne nous doutions pas ③ se doutait ④ vous doutiez

cogner ① cognaient ② cognait ③ cognaient ④ cognait

2 **A** ① Il a acheté un appartement dont les pièces sont claires.

② Hier soir, j'ai rencontré un ancien collègue dont j'ai oublié le nom.

③ Est-ce que tu connais cette jeune actrice dont on parle beaucoup en ce moment.

④ Elle a quitté ce club sportif dont elle faisait partie.

⑤ Il a acheté un ordinateur portable dont il se sert beaucoup.

⑥ Nous avons reçu une dizaine de visiteurs français dont cinq viennent de Paris.

⑦ Mon père m'a montré ses timbres dont beaucoup sont précieux.

⑧ Son fils, dont elle était si fière, l'a beaucoup déçue.

⑨ Son mari lui a offert une voiture dont elle est très satisfaite.

⑩ J'ai beaucoup de romans français dont je peux te prêter quelques-uns.

B ① Mon père est très content de son téléphone portable dont l'écran est très lisible.

ou : L'écran du téléphone portable, dont mon père est très content, est très lisible.

② Il est à Paris où se trouve le Louvre.

3 La dame, qui avait les cheveux blancs, est tombée dans la rue.

ou : La dame, qui est tombée dans la rue, avait les cheveux blancs.

4 Cet homme, dont on connaît peu l'existence, est très important.

ou : On connaît peu l'existence de cet homme qui est très important.

5 Ce panneau d'affichage, qui mesure 100 mètres sur 50, est très voyant.

ou : Ce panneau d'affiche, qui est très voyant, mesure 100 mètres sur 50.

6 Le jardin, où mon chien est en train de jouer, n'est pas très grand.

ou : Mon chien est en train de jouer dans le jardin qui n'est pas très grand.

7 Julien, qui roulait trop vite, a eu un accident.

8 La fenêtre qu'il vient d'ouvrir donne sur la cour.

ou : Il vient d'ouvrir la fenêtre qui donne sur la cour.

9 L'innocence est un trésor que nous devons garder avec soin.

10 Je me souviendrai toujours des bontés dont ma mère m'a comblée.

C **1** Peux-tu me prêter ta gomme. J'ai perdu la mienne.

2 Mes frères jouent dans le parc. Mais où sont passés les tiens ?

3 J'ai mangé de la tarte aux pommes mais j'ai préféré la leur.

4 J'ai perdu mes lunettes. Jean m'a dit que lui aussi perdait souvent les siennes.

5 Nous avons reçu nos paquets. Avez-vous reçu les vôtres ?

6 Pose tes chaussures à côté des miennes.

7 Tes enfants sont plus sages que les leurs.

8 Notre maison comprend trois pièces. Et la tienne ?

9 J'ai fait tous mes exercices. Mais Alice n'a pas encore terminé les siens.

10 Vous avez vos bagages. Mais où sont les nôtres ?

3 **A** **1** dans **2** de **3** sous **4** de **5** à **6** sous
7 parmi **8** d' **9** de **10** à

B　❶ ce que　❷ ce dont　❸ ce que　❹ ce qui

　　❺ ce qui, ce qu', ce dont

C　❶ dont　❷ j'en　❸ j'en　❹ dont　❺ j'en　❻ dont

　　❼ dont　❽ j'en

D　connaissait, avait, voulait, a pris, dessiné, a regardé, a souri, s'en est

　　allé, a vu, revenait

4　❶ C'est un peintre connu dont les peintures se vendent très bien.

❷ C'est de cette nouvelle que tous les étudiants parlent.

❸ Voilà la robe dont sa femme a très envie.

❹ C'est un écrivain mondialement connu dont j'ai lu tous les romans.

❺ Mon colocataire a un emploi du temps tout à fait différent du mien.

❻ Elle écrit souvent à ses amis français. Mais je n'ai pas écrit aux miens

　depuis des mois.

❼ Il est d'origine italienne.

❽ Tu n'as pas l'accent marseillais.

❾ J'ai mes idées sur la question. Vous avez les vôtres !

❿ Mon baladeur est tombé en panne. Lucie m'a prêté le sien. C'est vraiment

　sympa de sa part.

Vocabulaire et expressions

1　A　❶ philosophe　❷ bidonville　❸ jalousie　❹ obéissant

　　❺ descendant

B　❶ Le Louvre est un des plus beaux musées du monde.

　　❷ Les adultes aiment autant cette bande dessinée que les enfants.

　　❸ Elle a un talent pour raconter les histoires.

　　❹ Le vin est une boisson alcoolisée qui est produite avec du raisin.

　　❺ Un rapide accroissement démographique va susciter beaucoup de

　　　problèmes sociaux.

C　❸ ❺ ❼ ❻ ❶ ❹ ❾ ❷ ❽

D　❷ ❽ ❺ ❾ ❸ ❶ ❻ ❹ ❼

2 ① émancipation ② laitier, laitière ③ vestimentaire ④ jalousie
⑤ fierté ⑥ lourdement ⑦ obéissant,e ⑧ alcoolisé,e ⑨ mépriser
⑩ philosophique ⑪ proprement ⑫ immigration

3 ① l'origine ② monnaies ③ découverte ④ médaille ⑤ prouver
⑥ symbole ⑦ époque ⑧ terme ⑨ chant ⑩ fin ⑪ accepter
⑫ courage ⑬ vigilance ⑭ partir ⑮ personnifie

Compréhension écrite

B D C B A D A C

Thème et version

1 Le musée du Louvre est un des plus grands musées du monde. C'est aussi le plus grand musée parisien. Il est situé au cœur de la ville de Paris, près de la rive droite de la Seine. Le bâtiment est un ancien palais royal.

Les principaux chefs-d'œuvre du musée du Louvre sont des peintures, des sculptures, des objets archéologiques…

La Vénus de Milo, La Joconde de Léonard de Vinci, ou encore La Liberté guidant le peuple d'Eugène Delacroix sont les œuvres les plus appréciées du musée.

Le Louvre est le musée le plus visité du monde avec ses 9,3 millions de visiteurs en 2014. Les visiteurs sont jeunes, dont près de 50% ont moins de 30 ans. Notons enfin que 70% des visiteurs du musée du Louvre sont étrangers : les Américains, les Chinois, les Italiens, les Anglais et les Brésiliens sont les plus nombreux.

2 玛丽安娜的形象最早出现在法国大革命时期，她代表着勇敢、爱好和平的祖国母亲，保护着法国人民。她也是自由和法兰西共和国的象征。

玛丽安娜是一位戴着红色弗吉里亚帽的女子。在希腊和罗马，得到解放的奴隶曾经戴过这种帽子，它从而成为自由的象征。另外，法国大革命时期的普通

民众也戴过此类帽子，因此，玛丽安娜代表着从专制政体的"奴役"中被解救
出来的法国。

但为什么给她取名玛丽安娜呢？其真实原因至今不为人知。这一名字在 18 世
纪很常见。实际上，玛丽安娜是玛丽和安娜两个名字的结合，这两个名字在民
众中和农村使用率极高。因此，玛丽安娜更能代表人民。

在第三共和国时期，玛丽安娜的雕像，特别是半身像大量出现，尤其是在市
政厅中，用以取代拿破仑的半身像。玛丽安娜的形象还会出现在硬币、邮票等
广泛流通的物品上。

Séquence 12 — La liberté des uns s'arrête là où commence celle des autres.

Grammaire et conjugaison

1　**A**　**poursuivre**　❶ poursuis　❷ poursuit　❸ poursuivez
❹ poursuivent

se plaindre　❶ me plains　❷ se plaint

❸ nous plaignons　❹ se plaignent

B　**poursuivre**　❶ ai poursuivi　❷ a poursuivi

❸ avez poursuivi　❹ ont poursuivi

se plaindre　❶ nous sommes plaints　❷ s'est plaint

❸ t'es plainte　❹ se sont plaints

C　**revenir**　❶ revenait　❷ revenions　❸ revenais　❹ revenaient

perdre　❶ perdait　❷ perdais　❸ perdions　❹ perdaient

2　**A**　❶ Le voleur a été arrêté par les agents de police.

❷ Le garçon malade sera soigné par l'infirmière.

❸ Les plans de maison vont être dessinés par l'architecte.

❹ La terre est cultivée par les agriculteurs.

❺ Les tasses de café étaient apportées par la serveuse.

⑥ L'ordinateur est dépanné par le technicien.

⑦ Une usine a été bâtie par l'entrepreneur.

⑧ La fille a été renversée par une voiture.

⑨ Dans ce conte, la princesse sera réveillée par le prince.

⑩ Le lait est produit par la vache.

B　① La boulangère fait le pain.

② L'infirmière a vacciné les malades.

③ Notre gouvernement aidera les personnes âgées.

④ Son ami offre le café.

⑤ Des spécialistes enseignent le mandarin.

⑥ Les mères ont cherché leurs enfants.

⑦ Un médecin va suivre la malade.

⑧ La direction a chassé cet étudiant.

⑨ Les employés revendiquent un meilleur salaire.

⑩ Le directeur étudiait les demandes.

C　① Un rendez-vous est pris chez le dentiste.

② Un sujet d'actualité sera discuté.

③ La pâte a été pétrie.

④ Les membres du comité ont été prévenus.

⑤ Un repas végétarien sera préparé.

⑥ Du champagne serait servi.

⑦ Une voiture française a été choisie.

⑧ Les directives seront suivies.

⑨ L'ordinateur est de plus en plus utilisé.

⑩ Les dates du colloque seraient modifiées.

3　① (X)　② (X)　③ ( )　④ (X)　⑤ (X)　⑥ ( )　⑦ (X)　⑧ (X)　⑨ ( )　⑩ (X)

4　A　① par　② par　③ de　④ par　⑤ par　⑥ de　⑦ par　⑧ de　⑨ de　⑩ par

B　① pour　② à, de　③ de　④ par　⑤ à　⑥ pour　⑦ à　⑧ par　⑨ De　⑩ pour

Vocabulaire et expressions

1   A   **1** handicapé   **2** protester   **3** compagnie   **4** expulser
5 guichet

B   **1** Je passe au moins une heure pour obtenir des informations.

2 Une cliente se plaint contre ce système de réservation.

3 La passagère indisciplinée est poursuivie en justice par la compagnie.

4 Il n'a pas cessé de parler bruyamment au téléphone.

5 Nous serions revenus au début du 20ième siècle ?

C   **5 1 3 8 7 2 6 4**

D   **5 4 1 3 6 2**

2   **1** Il est énervé.   **2** Il est stressé.   **3** Il est indigné.   **4** Il est à bout.
5 Il est très amer.   **6** Il est déçu.   **7** Il est choqué.   **8** Il s'ennuie.

3   **1** traumatisé   **2** peureux   **3** amertume   **4** absurde   **5** en avoir besoin

4   D A C C B   D B A C A

Compréhension écrite

B C D D B

Thème et version

1   Les Français seraient le peuple le plus râleur du monde. Tout prétexte est bon pour se plaindre : les embouteillages, le chef qui ne communique jamais assez, le salaire trop bas, son collègue qui a un trait de personnalité caractéristique, l'informatique qui s'effondre encore... Les collègues éternellement insatisfaits sont nombreux. L'explication la plus noble serait du côté de leur héritage culturel. Pourquoi ce phénomène ? Le siècle des Lumières aurait imprimé leur raison de la tentation de tout remettre en question. La Révolution Française aurait ensuite forgé ce formidable esprit de contestation.

2 　　　　　　法国人爱抱怨：全世界都羡慕的品质

爱抱怨的人、永不满足、从来都不高兴……是形容法国人品格最常见的修饰词。好吧，我们承认这一点。但是，谁说这是一个缺陷？从根本上说，这些特征难道不是强大的创新引擎，难道不是法国人过去、现在以及未来许多发明的最初源头吗？

如果法国人不是厌烦了在交通上花费大量时间，他们会发明协和式飞机或高铁吗？如果法国人不是受不了英国人侮辱地骂他们"肥猪"，他们会发明香水吗？

Séquence 13 — Dur dur d'être... enfant

Grammaire et conjugaison

1 **A** **emmener** ① j'emmène ② emmène ③ emmenez
④ emmenons

punir ① punis ② punit ③ punissons ④ punissent

joindre ① joins ② joint ③ joignons ④ joignent

B **oublier** ① j'avais oublié ② avait oublié ③ aviez oublié
④ avaient oublié

arriver ① étais déjà arrivée ② était arrivé
③ étions arrivés(es) ④ étaient arrivées

2 **A** ① Tout ② tous ③ Toute ④ Toutes ⑤ Tous
⑥ tous ⑦ tous ⑧ tous ⑨ Toute ⑩ Toutes

B ① tous ② Tous ③ Toutes ④ Tous ⑤ toutes ⑥ tous
⑦ tout ⑧ tous ⑨ tout ⑩ tout

C ① toutes ② tout ③ toute ④ toute ⑤ tout ⑥ tout
⑦ tout ⑧ toutes ⑨ tout ⑩ toute

D ① tous; pronom ② tout; adjectif ③ Toutes; adjectif

④ toute; adjectif ⑤ tout; adverbe ⑥ toutes, tous; adjectif, adjectif

⑦ tout, toute; adverbe, adverbe ⑧ tous; adjectif

⑨ Toutes; pronom ⑩ tous; adjectif ⑪ tout; adverbe

⑫ tout; adverbe / toute; pronom

E B A C A A B D A

3 **A** ① avais choisi ② était sorti ③ avais appris

④ était tombée ⑤ avaient acheté

⑥ avait lu ⑦ étions montés ⑧ s'était cassé

⑨ n'avait jamais vu ⑩ aviez raté

B ① avais retrouvé ② avions posé ③ avait été ④ aviez ouvert

⑤ avaient revendu ⑥ était parti ⑦ s'étaient cachés

⑧ étaient venus ⑨ avait remporté ⑩ avaient peint

4 **A** est né, est mort, avait, respectait, était, respectait, connaissait, avait apprises, n'avait pas encore été fondée, jouait, écrivait, lisait, recevait, a inventé, pouvait, a renforcé, a exercé, avait servi, était retourné

B avions, était, avions découvert, appartenait, vivaient, était, pouvait, avons recommencé, nous étions préparés, étions allés, avions fait, voulions, avions dû, a fallu, faisait, avions, ont accueillis, avons parlé, sommes montés, avons pris, nous sommes habillés, avaient disparu, étaient, sommes allés / allions, logions, marchions, nous sommes reposés

Vocabulaire et expressions

1 **A** ① affolé ② gendarme ③ incroyable ④ ignorant ⑤ vedette

B ① J'ai eu la surprise de voir arriver un automobiliste paniqué.

② Cet incident peut vous paraître incroyable.

③ Vous devez être au courant de ce qui s'est passé.

④ Les amis ont essayé de joindre Loïc sur son téléphone.

⑤ C'est la première fois que je passe à la télé.

C ⑤ ① ④ ③ ②

D ③ ⑤ ① ② ⑥ ④

2 **1** calme **2** capricieux **3** déprimé **4** ennuyeux **5** attentif
6 savant **7** superbe **8** gracieux **9** fier **10** courageux

3 orgueilleux, fatigué, ému, irréalisable, formidable

4 B B D C B B   C D D A A D

Compréhension écrite

F V F V F   **titre**   Une promenade en voiture

Thème et version

1 Un père doit être présent à chaque moment clé de la vie de son fils : être un
partenaire sportif, être là pour les anniversaires, lui ouvrir le monde, rire ;
tout ça fait partie du rôle du père. Le père doit accueillir son fils tel qu'il est,
avec ses forces et ses faiblesses, lui montrer qu'il l'aime. Parler de l'amour, du
partage, du respect de l'autre fait aussi partie de ce que le père doit enseigner
à son fils. Son absence entraînera inévitablement un manque, un déséquilibre
pour l'enfant.

2 法国家庭基于夫妻制，夫妻双方由民事婚姻结合在一起，多数情况下还通过
宗教仪式结百年之好。作为"一家之主"，父亲尚未完全丧失其权威。母亲，
尤其是没有职业的母亲，仍是家庭的主心骨和灵魂，其主要操心的事是"养育
好子女"。父母和子女保持着密切的关系。法国家庭是封闭式的。法国人可以
被看作是世界上最热情好客的人，"只要您不走进他们的家庭"，法国作家和幽
默家达尼诺这样说。

Séquence 14 — Un goût de France

Grammaire et conjugaison

1
A **fuir** ① fuis ② fuit ③ fuyez ④ fuient

B **fuir** ① avais fui ② avait fui ③ avions fui ④ avaient fui

vouloir ① avais voulu ② avait voulu ③ avions voulu
④ avaient voulu

descendre ① étais descendu(e) ② était descendue
③ étiez descendu ④ étaient descendus

se lever ① m'étais levé(e) ② s'était levée ③ nous étions levés
④ s'étaient levés

2 avaient, était, se situait, était, sont arrivés, avaient dû, avaient fait, avaient révisé, avait données, étaient, chantaient, prenaient, bavardaient, avait, a commandé, s'est installé, a vu, avait rencontrée, a parlé, trouvait / l'a trouvé, s'est assise, ont passé, a appris, avait changé, avait continué, venait, se sont mariés, m'a envoyé, était né

3 ① En été, j'aime lire sous un arbre.

② On sent arriver le printemps.

③ Elle ne croit pas être gravement malade.

④ Je pensais nous avoir prévenus de l'heure du départ.

⑤ Dis à Jacques de venir me voir.

⑥ Respirer l'air pur est bon pour la santé.

⑦ Que faire ? À qui m'adresser ?

⑧ On a fini de construire le tunnel sous la Manche depuis quelques années.

4 ① Oui, je les ai écoutés chanter.

Non, je ne les ai pas écoutés chanter.

② Oui, je les ai vus arriver.

Non, je ne les ai pas vus arriver.

3 Oui, ils l'ont sentie se préparer.

Non, ils ne l'ont pas sentie se préparer.

4 Oui, elles m'ont vu sortir.

Non, elles ne m'ont pas vu sortir.

5 Oui, je l'ai entendu parler dans la chambre à côté.

Non, je ne l'ai pas entendu parler dans la chambre à côté.

6 Oui, ses parents l'ont fait travailler.

Non, ses parents ne l'ont pas fait travailler.

5 **1** de nous voir **2** d'accompagner son amie **3** de nous appeler

4 à aller au cinéma **5** de te prévenir **6** à dîner **7** sans réfléchir

8 pour prendre le train.

6 **1** Dans une station service. **2** Chez le médecin. **3** Dans un bus.

4 Dans un train. **5** Dans un parc.

7 **1** Il a été licencié pour être arrivé trop souvent en retard. **2** √

3 J'étais très déprimée après avoir passé l'oral.

4 Ils ne se souviennent pas d'y être allés. **5** √

6 Je suis certain de ne pas avoir visité cette ville.

7 Ils ont accepté ces mesures sans les avoir discutées.

Vocabulaire et expressions

1 A **1** gastronomie **2** festif **3** révolution **4** recette **5** ingrédient

B **1** La personne qui a la fève devient roi.

2 La pratique de la bonne bouffe est une vieille tradition.

3 Les Français font très attention à transmettre leur héritage gastronomique.

4 Les cuisiniers utilisent souvent de bons produits du terroir.

5 La famille se réunit autour du plaisir de la table.

2 A **1** ouverture d' **2** enlèvement d' **3** réorganisation de

4 surveillance d' **5** destruction de

B　　**1** scolaire　**2** financier　**3** traditionnel　**4** économique
　　　5 régional

C　　**1** fidélité　**2** actualité　**3** difficulté　**4** multiplicité
　　　5 popularité

3　　**1** se dépêcher → se hâter → se ralentir
　　　2 gagner → obtenir → perdre
　　　3 fréquenter → aller souvent → éviter / fuir
　　　4 éveiller → réveiller → endormir
　　　5 accroître → agrandir → rétrécir
　　　6 favoriser → préférer → défavoriser

4　　camembert, saucisse, beurre, ouvrir, gourmand

5　　**1** Monter　**2** remonter　**3** Visiter　**4** Admirer　**5** se déplacer
　　　6 Profiter　**7** boire　**8** déguster　**9** Se balader　**10** Marcher
　　　11 Connaître

6　　**1** riz sauté　**2** champignons　**3** d'eau gazeuse　**4** livrée　**5** bon appétit

Compréhension écrite

F V F F V　　**titre**　　Lyon, la capitale des gastronomes

Thème et version

1　　La cuisine chinoise est appréciée de tout le monde. La Chine compte un grand nombre de mets de différents goûts dont 8 cuisines les plus influentes et les plus représentatives : la cuisine du Shandong, la cuisine du Sichuan, la cuisine du Guangdong, la cuisine du Fujian, la cuisine du Jiangsu, la cuisine du Zhejiang, la cuisine du Hunan et la cuisine de l'Anhui.

Les Chinois partagent les plats. Ceux-ci sont souvent mis en commun. Les Chinois mangent à l'aide de baguettes ou de cuillères chinoises en bois. La table se caractérise par son aspect social. Elle est ronde et parfois surmontée d'un plateau tournant où sont entreposés les plats. Tous les plats sont amenés à table les uns après les autres. Vous avez donc le choix : par exemple, manger le sucré en premier, et finir par la soupe. Aucun couteau n'est présent à table. Tous les aliments sont découpés en cuisine.

2 法国大餐是一种已经成为风俗的社交活动，用来庆祝个人和集体生活中最重要的时刻，例如出生、婚礼、生日、成功和团圆。这是一顿节庆的大餐，在这种场合客人们可以实践"吃好""喝好"的艺术。对于一顿大餐来说，最重要的是大家都能在一起，享受味觉的欢愉，实现人与大自然馈赠物之间的和谐。法式美食大餐必须按照确定的程序进行：以开胃酒开始，以餐后酒为结束，两者之间至少有四种菜肴，即开胃菜、鱼或肉加蔬菜、奶酪和甜点。美食大餐不仅能让家庭和朋友之间更为亲密，而且往往能加强社交联系。

Test final

1
1 C'est une chose normale dans la vie quotidienne.
2 Voici de belles fleurs.
3 C'est une chemise neuve.
4 Ce sont des femmes mariées.
5 Il y a une place libre à côté de moi.
6 C'est une idée folle.
7 Vous connaissez ce vieil ouvrier normand ?
8 Julien a trouvé un nouvel appartement.

2 **1** Tout **2** toutes **3** Tous **4** toute **5** toutes **6** tout
7 tout **8** toute **9** tout **10** tout

3 **1** Que fait-il ?
2 Cette carte est à qui ?
3 Qu'est-ce qu'il y a dans ce sac ?
4 Avec quoi Pierre a-t-il écrit la lettre ?
5 Tu es content de qui ?

6 De quoi ont-ils parlé ?

7 Ta mère s'occupe de qui à la maison ?

8 À qui est-ce que Madeleine pense toujours ?

9 Pour qui est-ce qu'on travaille ?

10 D'où sont-elles venues ?

4
1 Oui, ils nous en (m'en) ont apporté.

2 Oui, je lui en ai parlé.

3 Oui, nous y sommes allés.

4 Je ne les leur ai pas prêtées. (Nous ne les leur avons pas prêtées.)

5 Oui, je pense souvent à eux.

6 Non, elle n'en vient pas.

7 Oui, il la leur a racontée.

8 Non, il ne m'en a pas donné.

9 Oui, il est content d'eux.

10 Non, je ne vais pas le lui rendre.

5
1 Oui, apportez-les-lui.

2 Oui, montrez-le-moi.

3 Oui, rendons-la-leur.

4 Oui, passons-les-leur.

5 Non, ne m'en parlez pas maintenant.

ou : Non, ne m'en parle pas maintenant.

6 Oui, mettons-les-y.

7 Non, racontons-la-leur.

8 Oui, expliquez-la-moi.

ou : Oui explique-la-moi.

9 Oui, donnez-m'en un peu.

10 Oui, montrez-les-lui.

6 **1** en **2** à **3** /, de **4** Pendant, pendant **5** depuis

6 à **7** à, pendant

7 **1** le long de, au bord de **2** sais, connais

3 visiter, rendre visite à **4** faut, doit **5** fatigué, fatigant

8 **1** fait **2** était, travaillaient **3** crois, pleuvra

4 est venue, sommes allés, est entré, était

5 étais, n'ai pas pu, a demandé, irai, espère, fera

6 m'a téléphoné, avait reçu   **7** retourneront   **8** avait déjà fini

9   **1** plus / aussi / moins, celle   **2** celui-ci / l'un, celui-là / l'autre

3 plus / aussi / moins, celle   **4** meilleure, plus, de   **5** celui

10   **1** La bicyclette qu'elle a empruntée dimanche dernier n'est pas à moi.

2 Les étudiants qui ont beaucoup travaillé feront des progrès.

3 Les photos que vous avez prises en France sont bien réussies.

4 Il a déjà pris les médicaments que le médecin lui a donnés.

5 Le film (Ce film) qui a été tourné par un célèbre metteur en scène est intéressant.

11
大型超市

20世纪50年代以来，大型超市（超级市场和大型超级市场）获得了越来越大的成功。因为，人口增长很快，生活变了，商业应该考虑到这些。

市中心常常因交通而堵塞：那里的街道狭窄，并且人们停车不容易。很多人因此喜欢大型超市，它们经常位于城市外面，并为他们的顾客准备了停车场。

另一方面，25岁到55岁的女性中有53.2%的人工作。她们因此很少有时间采购食物。不过在这些大型超市，人们能找到所有的东西，并且非常快。在货架上，大部分产品已经包在了塑料袋里。人们能安心选择。

最后，法国人的生活水平提高了，大部分家庭拥有一辆汽车和一台冰箱，因此能购买供很长一段时间食用的食物。

然而，这些大型超市不能取代小的商贩：人们总是在采购的时候忘记某些东西。离他们家很近的食品杂货商人能够帮助他们。此外，您可以不慌不忙地和他们聊天。